JN261759

夫のためのやせごはん

ワタナベマキ

我が家で活躍のヘルシーおかず111品

マイナビ

はじめに

ある日、夫がダイエットを決意しました。

もともとの太りやすい体質に、年齢を重ねて代謝が落ちたこと、
仕事の忙しさやストレスなどが重なって、
一気に体重が増えてしまったときのことでした。

夫は自宅の一室を事務所にしています。私も家で仕事をしている
ので、基本的には、朝昼晩の３食を一緒に食べます。
いつも私の作ったごはんをおいしく食べてくれるのはうれしいの
ですが、仕事柄、ついつい料理を作りすぎてしまったり、
試作の味見をお願いしたりすることも。
少なからず夫が太る原因を作ってしまっていたかもと、
ちょっぴり反省して、「よしっ！」と一念発起。今まで以上に
食事作りに気をつかうようになりました。

普段から、季節感を大事にした、からだにやさしいごはんを心が
けてきましたが、さらにカロリーや栄養バランスも意識して……。

この本では、そんな私が夫のために日々作ってきた
「やせごはん」をまとめました。
単純に食事の量を減らせばやせられるかもしれませんが、
我慢の連続では長続きしませんし、楽しくありません。

おいしく、無理なく、ヘルシーに。

もともと太り気味のだんなさんに、
結婚してから太ってきたというご主人に、
そしてもちろん、最近体重が気になるご自分のために、
いろいろな場面で我が家の「やせごはん」が
お役に立てればうれしいです。

目次

1 いつもの献立をヘルシーに

本書の決まり

- 大さじ1は15ml、小さじ1は5ml、1カップは200mlです。
- カロリーは特に表記のない限り、1人分です。

2 ヘルシー食材で作る主役のおかず

3 ヘルシーごはんの工夫

やせごはん作りのポイント

量や摂取カロリーを控える「我慢」の食事だけでは長続きしません。「無理せずおいしく楽しくやせる」のが、私の「やせごはん」のモットー。ポイントをまとめたので、普段の献立にもぜひ活用してみてください。

Point 1 油の量は控えめに

種類によって多少差がありますが、大さじ1杯で100kcal以上ある油は使う量を気をつけたいもの。炒めるときはフッ素樹脂加工のフライパンを使い、油を極力減らす工夫を。反面、油は料理をおいしくする役割も。完全に使わないと決めてしまうと味気ない食事になりかねないので、少量を上手に使いましょう。本書のレシピも、小さじ1/2だけなど少ない量を使っています。

油を引かなくても、食材がこびりついたり、焦げついたりすることがないフッ素樹脂加工のフライパンは、「やせごはん」の強い味方。

Point 2 お肉はグラムを見て買う

肉類は、適当な量のパックを買うことが多くありませんか？　日持ちがしないので買った量で作ってしまうし、作ったぶんを食べてしまう。結局ちょっとずつ食べすぎてしまうことに。肉類はグラムをきちんと見て、作るぶんだけ買うようなクセをつけましょう。

脂の少ない鶏むね肉（皮なし）なら1食につき1人100g（写真右）を、鶏肉よりは脂がある豚もも肉（写真左）なら80〜100gを目安にするとよい。

Point 3 材料、調味料は正確に計量を

いつもは目分量で手際よく作る食事も、「やせごはん」のときは、計量から気をつけましょう。とくに、カロリーの大半を占めるメイン食材の肉や魚は、少々面倒でもきっちりとレシピ通りの分量を。また、高カロリーな油をはじめ、調味料なども、大さじ、小さじのスプーンを使っていねいに量ります。5g、10gといったほんの少しの違いでも、積み重なるとカロリーオーバーに。主食のごはんは、ダイエット中は1食100gを目安にすると効果が出やすいです。

Point 4 粉は少なく

肉や魚にはたく粉は極力控えめに。油を使う場合は、粉が余計に油分を吸ってしまいますし、粉自体のカロリーも意外とバカになりません。全体にまぶしたら、しっかりはたいて余分な粉を落とすように心がけます。

Point 5 野菜や海藻はたっぷりと

食物繊維やビタミンなどの栄養をたっぷり備えている野菜は、糖質の多いいも類やにんじん、かぼちゃなどを除けば、カロリーを心配せずにたっぷり食べて構いません。食物繊維やミネラルが豊富な昆布やわかめといった海藻類、きのこ類もカロリーは気にしなくて大丈夫。きのこや海藻類はうまみが強いので、だしとしての役割も。栄養やかさ増しといった点だけではなく、おいしさにもひと役買います。野菜や海藻類、きのこ類からビタミン、ミネラル、食物繊維をしっかり摂れば、代謝もスムーズに。ダイエット中になりがちな便秘を防ぐ効果もあります。献立が少し物足りないときは、主菜やごはんの量はそのままに、これらの食材の量を増やして上手におなかを満たしましょう。

わかめ、ひじき、のりなどの海藻はミネラルも豊富。積極的に取り入れて。

Point 6 薄味が基本

塩けが強いおかずや、しょうゆやみりんを使った甘辛い、こってり味のおかずは、調味料のカロリーが多くなるだけではなく、ごはんがほしくなったり、お酒が飲みたくなったりと、食欲をむやみに増進させてしまいます。「やせごはん」は基本は薄味にして、よく噛みながらじっくり味わい、素材そのものの風味を楽しめるように。そんな工夫も大切です。

Point 7 香りと酸味で調味に工夫

薄味が基本とはいえ、単調な味が続くと物足りなさを感じて満足感が得にくいことも。そんなときは、香りと酸味の力を借りましょう。大葉や三つ葉、みょうがなどの香味野菜や、黒酢、レモン、ゆずといった酸味を利用すると、香りもよく、味にメリハリがつきます。いろいろな風味があることで、ひとつの献立を飽きずにおいしくいただけます。

香りがよく、風味に奥行きがある黒酢は1本あると便利。レモンはフレッシュなものがおすすめ。

大葉や青のり、ごま、山椒、七味唐辛子など、香味の効いた食材や調味料を上手に利用して。

Point 8 噛みごたえを大切に

柔らかい食感の料理だけだと、どうしても噛む回数が少なくなり、満腹感を得られないうちに食事が終わってしまいます。とくに肉や魚を使ったメインのおかずは、柔らかい食感になりがち。献立が柔らかいおかずばかりなら、シャキシャキとした歯ごたえがある生野菜のサラダや小鉢を添えるなどの工夫をしましょう。歯ごたえのある根菜や、食感のあるこんにゃくを使うのもおすすめ。煮物などの具材も、いつもより大きめに切るようにして、できるだけ食感を生かして。

普段よりも野菜は大きめに切ることを心がけて。

Point 9 ごはんは混合米に

パンやパスタを主食にした洋食メニューはどうしても油脂が多くなってしまうので、ダイエット中はごはん（1食100gを目安に）を主食とした献立に。我が家には精米機があるので、普段は子供も食べられる6分づきの白米に、キヌアなどの雑穀を少し加えて食べています。白米だけより栄養価が高くなり、噛みごたえも出るのでおすすめ。2合の白米に対し大さじ1の雑穀を混ぜ、加えた雑穀と同量（この場合は大さじ1）の水を足せばおいしく炊けます。

キヌア、モチ麦、大麦などを白米に混ぜて炊くのが我が家の定番。雑穀は食物繊維のほかカルシウムも豊富。白米の代わりに玄米を主食にしてもいいですね。

Point 10 食事には具だくさんの汁物を添えて

食事には必ず汁物を添えますが、ダイエット中はとくに具だくさんを心がけます。具が少ないと、お汁を飲みながら食事をすることで、ある程度満腹にはなりやすいですが、おかずをよく噛まずに、お汁で流し込んでしまったら、元も子もありません。カロリーを気にせずに安心して使える、きのこ類や青菜、豆腐、わかめなどの食材をたっぷり加えて、「食べるみそ汁」を1杯、毎度の食事に必ず添えましょう。温かい汁物があることで、食事全体の満足感にもつながります。

1

いつもの献立を
ヘルシーに

定番のから揚げ、ハンバーグ、肉じゃがも、我慢はしません！
好物のおかずが食卓に並べば、だんなさんもきっと喜んでくれるはず。
少しの工夫と愛情で、人気の献立をおいしくカロリーカットしました。

しめじのごま和え
キャベツと大葉のレモンサラダ
鶏むねのしっとりから揚げ
わかめとねぎのみそ汁

ヘルシー献立①

鶏のから揚げ献立

敬遠しがちなから揚げは、むね肉を使ってヘルシーに仕上げます。
肉にまぶす粉は少なめに、揚げたらきちんと油をきることを忘れずに。
お肉でジューシー、サラダでシャキシャキ、しめじでコリコリ、
バラエティに富んだ歯ごたえの違いが、満足感を与えます。

606kcal　たんぱく質44.5g　塩分5.5g　脂質22.2g（1人分／ごはん100g分含む）

鶏むねのしっとりから揚げ

パサつきがちなむね肉は、ヨーグルトに浸けてしっとりとジューシーに仕上げます。

351 kcal

材料（2人分）

鶏むね肉（皮なし）…300g

A
- ヨーグルト…大さじ2
- しょうが（すりおろし）…1かけ分
- 塩…小さじ1/2

溶き卵…1/2個分

薄力粉…大さじ1と1/2

揚げ油…適量

作り方

1. 鶏肉は1.5cm厚さに切る。
2. ボウルに1.とAを入れてよくもみ、半日〜ひと晩おく。
3. 2.に溶き卵を加えてよく混ぜ、薄力粉も加えて全体に薄くまぶす。
4. フライパンに深さ1.5cmほど油を注いで180度に熱し、3.を裏返しながらきつね色になるまで揚げる。網かペーパーの上に取り上げ、油をきってから器に盛る。

ヘルシー献立①

キャベツと大葉のレモンサラダ

意外と量が食べられない生のキャベツには、大葉の香りとレモンの酸味でひと工夫。

19 kcal

材料（2人分）

キャベツ … 葉2枚（150g）
塩 … 小さじ1/3
大葉 … 5枚
レモン汁 … 大さじ1/2

作り方

1. キャベツはせん切りにし、塩をふって軽くもむ。水分が出てきたら絞る。大葉はせん切りにする。
2. ボウルに1.とレモン汁を入れて和える。

しめじのごま和え

食物繊維が豊富なしめじは、ごまをまぶして
コクを加え、たっぷりいただきます。

35 kcal

材料（2人分）

しめじ … 100g
酒 … 小さじ2
しょうゆ … 小さじ1
酢 … 小さじ1
すりごま … 小さじ2

作り方

1. しめじは石づきを取ってばらす。
2. 小鍋に1.と酒を入れて弱火にかけ、炒り煮にする。
3. しめじがしんなりしたら火を止め、しょうゆ、酢を加えて混ぜる。すりごまを加えて和え、器に盛る。

わかめとねぎのみそ汁

冷蔵庫に必ずある長ねぎと、乾燥わかめで作る
定番の味。具だくさん、がポイントです。

33 kcal

材料（2人分）

わかめ（乾燥）… 5g
長ねぎ … 8cm分
だし汁（P48）… 400ml
みそ … 大さじ1と1/2

作り方

1. わかめはたっぷりの水に浸けて戻し、水けをきる。長ねぎは斜め薄切りにする。
2. 小鍋に1.とだし汁を入れて中火にかける。煮立ったら弱火にしてみそを溶く。

から揚げアレンジ①

スパイシーから揚げ

ピリリと刺激的な味は、献立のポイントになる一品。
お酒好きなご主人のヘルシーなおつまみとしても。

359 kcal

材料（2人分）

鶏むね肉（皮なし）… 300g
A
- ヨーグルト … 大さじ2
- しょうゆ … 小さじ1
- カレー粉 … 小さじ1

溶き卵 … 1/2個分
薄力粉 … 大さじ1と1/2
揚げ油 … 適量

作り方

1. 鶏肉は1.5cm厚さに切る。
2. ボウルに1.とAを入れてよくもみ、半日〜ひと晩おく。
3. 2.に溶き卵を加えてよく混ぜ、薄力粉も加えて全体に薄くまぶす。
4. フライパンに深さ1.5cmほど油を注いで180度に熱し、3.を裏返しながらきつね色になるまで揚げる。網かペーパーの上に取り上げ、油をきってから器に盛り、黒こしょう少々（分量外）をふる。

から揚げアレンジ②

青のりと白身魚のヘルシーから揚げ

淡白な白身魚には青のりをまとわせて風味をプラス。
少ない片栗粉で上手にカロリーオフ。

362 kcal

材料（2人分）

白身魚（スズキ、タイなど）… 300g
塩 … 少々
A
- 卵白 … 1個分
- 塩 … 小さじ1
- 青のり … 大さじ2

片栗粉 … 大さじ2
揚げ油 … 適量

作り方

1. 白身魚は骨があれば取り除き、食べやすい大きさに切る。塩をふって20分おき、出てきた水分をふきとる。
2. ボウルにAを入れてよく混ぜ、1.を加えて和える。片栗粉も加えて全体に薄くまぶす。
3. フライパンに深さ1.5cmほど油を注いで180度に熱し、2.を裏返しながら色よく揚げる。網かペーパーの上に取り上げ、油をきってから器に盛る。

トマトとみょうがのサラダ
にんじんとズッキーニの温野菜
牛ハンバーグ
まいたけのみそ汁

ヘルシー献立②

定番牛ハンバーグ献立

ハンバーグを作るなら、どこの部位を使用しているかわからない
合いびき肉は避け、脂身の少ない牛ももひき肉を選びましょう。
肉の量をやや控えめにしても、副菜にたっぷりの野菜を取り揃えて
全体のボリュームをキープすれば、おなかも満足な献立に。

619kcal たんぱく質34.9g 塩分4.9g 脂質23.5g（1人分／ごはん100g分含む）

牛ハンバーグ

あればフードプロセッサーを使って、自分で牛ももの塊肉をひき肉にするのもおすすめです。

367 kcal

材料（2人分）

牛ももひき肉 … 250g
玉ねぎ … 1/2個（120g）
溶き卵 … 1/2個分
塩、こしょう … 各少々
ウスターソース … 大さじ2
オリーブオイル … 少々
白ワイン … 大さじ2

作り方

1. 玉ねぎはみじん切りにする。
2. フライパンにオリーブオイルを熱し、玉ねぎを中火で炒める。玉ねぎが透き通ったら塩、こしょうをして火から下ろし、あら熱をとる。
3. ボウルに2.とひき肉、溶き卵、塩、こしょう、ウスターソースを加えて粘りが出るまで手早くこね混ぜる。2等分して小判形にととのえる。
4. フライパンにオリーブオイルを熱し、3.を中火で焼く。焦げ目がついたら裏返し、白ワインを加えてふたをする。弱火にして約10分焼く。

トマトとみょうがのサラダ

みょうがを加えて味にポイントをつけたサラダ。トマトの甘みも引き立つから不思議です。

18 kcal

材料（2人分）

トマト（中）… 1個（150g）
みょうが … 1個
ポン酢 … 大さじ1

作り方

1. トマトは1.5cm角に切る。みょうがはせん切りにする。
2. ボウルに1.とポン酢を入れ、よく和える。

にんじんとズッキーニの温野菜

蒸すことで引き出された野菜の自然な甘みが、調味のひとつに加わります。

31 kcal

材料（2人分）

にんじん … 80g
ズッキーニ … 100g
水 … 大さじ2
オリーブオイル … 小さじ1/2
塩、こしょう … 各少々

作り方

1. にんじんとズッキーニは1cm厚さに切る。
2. 小鍋に1.と水、オリーブオイルを入れて中火にかける。煮立ったら弱火にしてふたをし、約5分蒸し煮にする。塩、こしょうをふっていただく。

まいたけのみそ汁

ほどよい歯ごたえのあるまいたけは、ざっくりさいて、食感を残すように火を通します。

35 kcal

材料（2人分）

まいたけ … 60g
だし汁（P48）… 400ml
みそ … 大さじ1と1/2
大葉 … 4枚

作り方

1. まいたけは手でさく。
2. 小鍋に1.とだし汁を入れて中火にかける。煮立ったら弱火にしてみそを溶く。
3. 椀によそい、手でちぎった大葉を加える。

ハンバーグアレンジ①

ひじきと豆腐のハンバーグ

鶏ひき肉に同量の豆腐、さらにひじきを加えてかさ増し。
どことなく懐かしい和風味です。

材料（2人分）

鶏ひき肉 … 100g
木綿豆腐 … 100g
ひじき（乾燥）… 10g
玉ねぎ … 1/2個
塩、こしょう … 各少々
しょうが（すりおろし）… 1かけ分
溶き卵 … 1/2個分
しょうゆ … 小さじ1
ごま油 … 少々
酒 … 小さじ2

194 kcal

作り方

1. 豆腐は軽く水きりをする。ひじきはたっぷりの水に7、8分浸けて戻し、ざるに上げる。玉ねぎはみじん切りにする。
2. フライパンにごま油を熱し、玉ねぎを中火で炒める。玉ねぎが透き通ったら塩、こしょうをして火から下ろし、あら熱をとる。
3. ボウルに2.と豆腐、ひじき、鶏ひき肉、しょうが、溶き卵、しょうゆを加えて粘りが出るまでよくこね混ぜる。6等分して小判形にととのえる。
4. フライパンにごま油を熱し、3.を中火で焼く。焦げ目がついたら裏返し、酒を加えてふたをする。弱火にして約10分焼く。

ハンバーグアレンジ②

お麩と長ねぎのみそハンバーグ

戻したお麩でかさ増しして、豚もも肉であっさり風味よく。
みそが味にふくらみをもたせます。

材料（2人分）

215 kcal

豚ももひき肉 … 200g
小町麩 … 8個
長ねぎ … 10cm
溶き卵 … 1/2個分
みそ … 小さじ1
ごま油 … 少々
酒 … 小さじ2

作り方

1. 麩はかぶるくらいの水に約1分浸けて戻し、水分を絞る。長ねぎはみじん切りにする。
2. ボウルに1.、豚ひき肉、溶き卵、みそを加えて粘りが出るまでよくこね混ぜる。2等分して小判形にととのえる。
3. フライパンにごま油を熱し、2.を中火で焼く。焦げ目がついたら裏返し、酒を加えてふたをする。弱火にして約10分焼く。

レタスとのりのサラダ
定番肉じゃが
豆腐のキムチのせ
なめこのみそ汁

ヘルシー献立③

定番肉じゃが献立

肉じゃがは、肉よりいもの量を控えるのがカロリーカットの決め手。
また、少ない調味料でも、朝作って夜食べるぐらい寝かせると
味が十分に染み、豊かにまとまります。メインがやさしい味なので、
副菜で香りや味にポイントをつけ、上手に食欲を満たしてあげます。

664kcal　たんぱく質31.3g　塩分5.6g　脂質16.0g（1人分／ごはん100g分含む）

定番肉じゃが

下味をつけた肉を煮立てた煮汁に加えることで、油を使わずにヘルシーに調理します。

379 kcal

材料（2人分）

牛もも薄切り肉…150g
A［酒…大さじ1
　 しょうゆ…大さじ1
じゃがいも（中）…2個（300g）
玉ねぎ（中）…1個（200g）
にんじん（中）…1本（200g）
しらたき（アク抜き済みのもの）…200g
だし汁（P48／水でも可）…250ml
塩…小さじ1/3
絹さや…8枚

作り方

1. 牛肉は食べやすい大きさに切り、Aをよくもみ込む。じゃがいもは皮と芽を取り除き、6等分して面取りをする。玉ねぎは6等分のくし形切りにする。にんじんは1.5cm厚さの輪切りにする。しらたきはさっと洗い、食べやすい長さに切る。
2. 鍋にだし汁、じゃがいも、玉ねぎ、にんじんを入れて中火にかける。煮立ったら弱火にし、約5分煮る。
3. ふたたび中火にし、牛肉をほぐしながら加えてアクを取り除く。牛肉が固くなるので、肉から離れたところにしらたきを加える。煮立ったら塩を加えて落としぶたをし、全体に煮汁が回るまで弱火で約8分煮る。
4. 筋を取った絹さやを加えて約1分煮る。

※でき立てもおいしいが、一度冷めるまでおいておき、食べるときに温め直したほうが味が染みておいしい。

レタスとのりのサラダ

韓国のりの風味と塩味でいただくサラダは、ほんの少しのごま油で満足感がアップ。

29 kcal

材料（2人分）

レタス … 葉8枚（約150g）
のり … 大判1枚
塩 … 少々
ごま油 … 小さじ1/2
白炒りごま … 小さじ1

作り方

1. ボウルにレタスを手でちぎって入れ、塩、ごま油、白炒りごまを加えてよく和える。
2. 1.にのりを手でちぎって加え、さっと混ぜる。

豆腐のキムチのせ

豆腐に、キムチを調味料代わりにたっぷりのせて。キムチの辛味が献立のアクセントに。

52 kcal

材料（2人分）

絹ごし豆腐 … 1/3丁
キムチ … 80g

作り方

豆腐を食べやすい大きさに切って皿に盛り、キムチをのせる。

なめこのみそ汁

なめこをたっぷり加えたみそ汁は、とろりとした舌触りもおいしさのひとつ。

36 kcal

材料（2人分）

なめこ … 80g
だし汁（P48）… 400ml
みそ … 大さじ1と1/2
大葉 … 4枚

作り方

1. なめこはさっと水洗いする。
2. 鍋に1.とだし汁を入れて中火にかける。アクを取り除き、煮立ったら弱火にしてみそを溶く。
3. 椀によそい、せん切りにした大葉をのせる。

肉じゃがアレンジ①

根菜塩肉じゃが

根菜をごろごろ使った食べごたえのある肉じゃが。
塩と酒だけで、牛肉と根菜のうまみを引き出します。

211 kcal

材料（4人分）

牛もも薄切り肉 … 150g
ごぼう … 200g
じゃがいも（大）… 1個（200g）
にんじん（中）… 1本（200g）
れんこん … 150g
いんげん…8本
だし汁（P48／水でも可）… 250ml
酒 … 大さじ1
塩 … 小さじ2

作り方

1. 牛肉は食べやすい大きさに切る。ごぼうは1cm幅の斜め切りにして水にさらす。じゃがいもは皮と芽を取り除き、6等分して面取りをする。にんじんは縦に2等分し、長さも2等分する。れんこんは縦に6等分にして水にさらす。いんげんは端を切り落とす。
2. 鍋にだし汁、水けをきったごぼうとれんこん、にんじんを入れて中火にかける。煮立ったら、酒を加えて弱火にし、約5分煮る。
3. ふたたび中火にし、じゃがいも、いんげんを入れ、牛肉をほぐしながら加えてアクを取り除く。煮立ったら塩を加えて落としぶたをし、全体に煮汁が回るまで弱火で約8分煮る。

肉じゃがアレンジ②

長ねぎと鶏ひき肉の肉じゃが

脂身の少ない鶏むねひき肉を使ったそぼろ肉じゃが。
ブロッコリーも一緒に炊き上げます。

313 kcal

材料（2人分）

鶏むねひき肉 … 150g
じゃがいも（中）… 2個（300g）
長ねぎ … 2本（150g）
しょうが … 1かけ
ブロッコリー … 1/2個（100g）
だし汁（P48／水でも可）… 250ml
酒 … 大さじ1
しょうゆ … 大さじ1
塩 … 少々

作り方

1. じゃがいもは1.5cm厚さの半月切りにする。長ねぎは斜め薄切りにする。しょうがはせん切りにする。ブロッコリーは小房に分ける。
2. 鍋に長ねぎ、しょうが、だし汁を入れて中火にかける。煮立ったら、酒、ひき肉をほぐしながら加えてアクを取り除く。
3. じゃがいもを加え、弱火にして約6分煮る。ブロッコリー、しょうゆ、塩を加え、さらに5分煮る。

厚揚げのトマト黒酢がけ
ブリの塩焼き　きゅうりの和え物添え
わかめとカイワレの
ゆかり和え
なすのごまみそ汁

ヘルシー献立④

焼き魚献立

安心感のある焼き魚献立は、減量中こそ積極的に取り入れたいもの。
食べやすいお魚料理には、食感のある副菜を添えて噛みごたえをプラス。
脂ののった魚は、魚焼きグリルで脂を落としながら、
フライパンの場合は出てきた脂を拭いながら焼いてカロリーカット。

610kcal　たんぱく質35.5g　塩分4.4g　脂質27.8g（1人分／ごはん100g分含む）

ブリの塩焼き　きゅうりの和え物添え

シンプルな塩焼きは脂を落としながらふっくら焼いて。きゅうりの和え物で後味はさっぱり。

270 kcal

材料（2人分）

ブリ…2切れ（200g）
塩…小さじ1/3
酒…小さじ1
きゅうり…1本
大葉…3枚
レモン汁…大さじ1

作り方

1. ブリは塩をふって約20分おく。
2. 魚焼きグリルに1.をのせて酒をふり、両面焦げ目がつくまでこんがりと焼く。
   ※魚焼きグリルがない場合は、フッ素樹脂加工のフライパンで、出てきた脂をキッチンペーパーで拭いながら両面焼く。
3. きゅうりは乱切りにし、塩少々（分量外）をふってなじませる。みじん切りにした大葉とレモン汁を加えて和え、2.に添える。

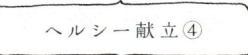

厚揚げのトマト黒酢がけ

香ばしく焼いた厚揚げを、黒酢の酸味とトマトの甘みで風味よく。
ボリューミーな副菜です。

102 kcal

材料（2人分）

厚揚げ … 1/2枚
トマト（中）… 1個（150g）
黒酢 … 小さじ2
しょうゆ … 小さじ1/2

作り方

1. 厚揚げは魚焼きグリルかトースターで表面に焦げ目がつくまで焼き、8等分に切って器に盛る。
2. ボウルにざく切りにしたトマト、黒酢、しょうゆを入れて和え、1.にかける。

わかめとカイワレのゆかり和え

ゆかりで和えるだけのヘルシー副菜は、忙しいときの箸休めとしてもおすすめ。

5 kcal

材料（2人分）

わかめ（乾燥）… 5g
カイワレ大根 … 1/2パック
ゆかり … 小さじ1

作り方

1. わかめは流水で洗い、たっぷりの水に約5分浸けて戻し、食べやすい長さに切る。カイワレ大根は根元を切り落とす。
2. ボウルに1.とゆかりを入れ、よく和える。

なすのごまみそ汁

あっさり和風献立のみそ汁には、練りごまを加えて風味とコクをアップしました。

65 kcal

材料（2人分）

なす … 1本
だし汁（P48）… 400ml
白練りごま … 小さじ2
みそ … 大さじ1と1/2

作り方

1. なすは1cm厚さの輪切りにして水にさらす。
2. 小鍋にだし汁、水けをきった1.を入れて中火にかける。煮立ったら弱火にして約5分煮る。練りごまとみそを溶く。
3. 椀によそい、白すりごま（分量外）をたっぷりふる。

魚料理アレンジ①

白身魚とチンゲン菜の中華蒸し

脂身の少ない白身魚は蒸すとふっくらと仕上がり、パサつくことがありません。

354 kcal

材料（2人分）

白身魚（スズキ、タイなど）… 2切れ（300g）
塩 … 少々
チンゲン菜 … 2株
しょうが（せん切り）… 1かけ分
酒 … 大さじ3
しょうゆ … 小さじ1と1/2
ごま油 … 小さじ1
細ねぎ … 2本

作り方

1. 白身魚は塩をふって約10分おく。チンゲン菜は縦に4等分に切る。
2. フライパンにしょうがと酒を入れて中火にかける。煮立ったら1.を加え、ふたをして弱火で約8分蒸す。
3. しょうゆとごま油を回しかけて皿に盛り、小口切りにした細ねぎをちらす。

魚料理アレンジ②

サケの香味野菜たっぷりおろし

脂も塩けもあるサケは、たっぷりの野菜と
大根おろしでさっぱりいただきます。

192 kcal

材料（2人分）

サケ（甘塩）… 2切れ（240g）
大根 … 8cm分
三つ葉 … 1/2束
みょうが … 2個

A ＊バットなどに合わせておく
黒酢（酢でも可）… 大さじ2
しょうゆ … 小さじ2
水 … 大さじ2

作り方

1. サケは魚焼きグリルで焼き、熱いうちにAに漬ける。
2. 大根はすりおろす。三つ葉はざく切りに、みょうがはせん切りにして、すべてをよく和える。
3. 1.を皿に盛り、2.をのせる。
※サケは漬けてすぐでもおいしいが、半日ほどおいてもよい。

春菊のアーモンド和え

エリンギとこんにゃくの
白和え

お刺身の
盛り合わせ

かぶのみそ汁

ヘルシー献立⑤

お刺身献立

ヘルシーなお刺身は「やせごはん」の強い味方。
ごはんがすすんでしまうので、しょうゆの量はほんの少しに。
歯ごたえのある副菜を添えて、早食いしないように工夫します。
春菊や山椒の風味が効いた、香り高い献立です。

636kcal　たんぱく質48.6g　塩分4.1g　脂質23.5g（1人分／ごはん100g分含む）

お刺身の盛り合わせ

お刺身は、マグロの赤身や白身魚、青魚を選びましょう。トロやサーモン、ハマチなど脂がのった魚は避けて。鮮度のよいものの方がおいしく、少量でも満足できます。

206 kcal

材料（2人分）

マグロ（赤身）…100g
アジ…100g
タイ…100g
しょうゆ…小さじ1

作り方

食べやすい大きさに切った刺身を皿に盛り、しょうゆをつけていただく。

ヘルシー献立⑤

春菊のアーモンド和え

主張の強い春菊には、香ばしいナッツがよく合います。献立の中でポイントになるひと皿。

75 kcal

材料（2人分）

春菊 … 1/2束
アーモンド（ローストしたもの）… 7粒
レモン汁 … 大さじ1
しょうゆ … 小さじ1
オリーブオイル … 小さじ1

作り方

1. 春菊は塩少々（分量外）を加えた熱湯で約1分30秒ゆでて冷水に取る。ざるに上げて水けをきり、食べやすい長さに切る。アーモンドは粗く刻む。
2. ボウルに1.とレモン汁、しょうゆ、オリーブオイルを入れてよく和える。

エリンギとこんにゃくの白和え

低カロリーでありながら噛みごたえがある2つの食材を、豆腐でなめらかにまとめます。

137 kcal

材料（2人分）

エリンギ … 2本
こんにゃく … 100g
酒 … 大さじ1
A
- 絹ごし豆腐 … 1/2個
- 白練りごま … 大さじ1
- 白炒りごま … 大さじ1
- しょうゆ … 小さじ1
- 塩 … 少々

粉山椒 … 少々

作り方

1. エリンギは長さを2等分し、縦に5mm厚さに切る。こんにゃくは熱湯で約2分ゆでてざるに上げ、7、8mm厚さの食べやすい大きさに切る。
2. フライパンを中火で熱し、1.と酒を入れる。エリンギがしんなりし、水けがなくなるまで炒めたら火を止める。
3. ボウルにAを入れてよく混ぜ、2.も加えて和える。器に盛り、好みで粉山椒をふる。

かぶのみそ汁

かぶの穏やかな甘みが引き立つみそ汁は、軽やかな歯ごたえを大事にさっと煮ます。

50 kcal

材料（2人分）

かぶ … 2個
かぶの葉 … 1個分
だし汁（P48）… 400ml
みそ … 大さじ1と1/2

作り方

1. かぶは8等分のくし形切りにする。
2. 小鍋にだし汁を入れて中火にかける。煮立ったら1.を加え、弱火にして約5分煮る。
3. みそを溶いて小口切りにしたかぶの葉を加え、さっと煮て火を止める。

お刺身アレンジ①

マグロと長いもの黒酢漬け

しょうゆをつけすぎるご主人には、あらかじめ黒酢で風味づけして供するのもおすすめ。

材料（2人分）

146 kcal

マグロ（赤身）… 160g
長いも … 120g
三つ葉 … 1/3束
白炒りごま … 小さじ2
A［黒酢 … 大さじ2
　しょうゆ … 大さじ1

作り方

1. マグロは1cm厚さに切り、Aと和えてなじませる。
2. 長いもは皮をむいて乱切りにする。
3. 器に1.と2.を盛り、ざく切りにした三つ葉をのせ炒りごまをふる。

お刺身アレンジ②

白身魚のカルパッチョ パセリレモンソース

パセリの香りとレモンの酸味にほんの少しのオイルのうまみ。オイルはかけすぎに注意しましょう。

材料（2人分）

207 kcal

白身魚刺身用（タイ、スズキ、ヒラメなど）… 180g
ミニトマト … 5個
にんにく … 1/2かけ
パセリ（みじん切り）… 大さじ2
レモン汁 … 大さじ1
塩 … 小さじ1/2
オリーブオイル … 小さじ1

作り方

1. 平皿ににんにくの切り口をあててすり込む。ミニトマトは4つ割りに切る。
2. 白身魚を5mm厚さに切って1.の皿に並べ、ミニトマトを添える。
3. パセリ、レモン汁、塩を合わせて2.にかけ、オリーブオイルを回しかける。

ちくわときゅうりの酢の物

肉野菜炒め

もずくと大根のサラダ

シジミのみそ汁

ヘルシー献立⑥

炒め物献立

油を使った炒め物はダイエットには不向き、と思いがちですが、
少量の肉のうまみでたっぷりの野菜をいただく感覚で作れば
減量向きのおかずに。ほんの少しの油で手早く炒めます。
サラダと酢の物のさっぱり副菜を添えれば、十分満足のボリューム感。

431kcal　たんぱく質23.6g　塩分5.0g　脂質10.2g（1人分／ごはん100g分含む）

肉野菜炒め

調味を早まると、野菜から水分が出て味が薄まり水っぽくなるので、味つけは必ず最後に。

158 kcal

材料（2人分）

豚もも薄切り肉…120g
玉ねぎ…1/2個
もやし…1/2袋
にんじん…1/2本
ニラ…1/4束
ごま油…小さじ1
酒…大さじ1
塩…小さじ1/3
こしょう…少々

作り方

1. 豚肉は3cm幅に切る。玉ねぎは7、8mm厚さの薄切りに、もやしはひげ根を取り除く。にんじんは7、8mm厚さの短冊切りにし、ニラは4cm長さに切る。
2. フライパンにごま油を熱し、豚肉を中火で炒める。豚肉の色が変わったら、玉ねぎ、にんじんを加えてしんなりするまで炒める。
3. 酒を加え、もやし、ニラも加えて手早く炒め合わせながら、塩、こしょうをふって皿に盛る。

もずくと大根のサラダ

大根を加えることで、つるっとすすむ酢の物に歯ごたえのアクセントを加えます。

22 kcal

材料（2人分）

もずく… 80g
ポン酢 … 大さじ1
大根 … 80g
塩 … 少々
白炒りごま … 小さじ1

作り方

1. もずくは水で洗って水けをよくきり、ポン酢を加えて和える。
2. 大根は3mm厚さの半月切りにし、塩をふって軽くもむ。出てきた水分は絞る。
3. 器に1.と2.を盛り、あればスライスしたすだちをのせ、炒りごまをふる。

ちくわときゅうりの酢の物

シャクシャク食感の薄切りきゅうりをちくわのうまみと一緒にいただきます。

51 kcal

材料（2人分）

ちくわ … 2本
きゅうり … 1本
塩 … 少々
酢 … 小さじ2
ごま油 … 小さじ1

作り方

1. ちくわは5mm厚さの輪切りにする。きゅうりは2mm厚さの輪切りにし、塩をふって軽くもむ。出てきた水分は絞る。
2. ちくわときゅうりを合わせて器に盛り、酢とごま油を回しかける。七味唐辛子少々（分量外）をふる。

シジミのみそ汁

だしとシジミのうまみが重なり、しみじみおいしいみそ汁に。からだに染み渡ります。

32 kcal

材料（2人分）

シジミ … 150g
だし汁 (P48) … 200ml
みそ … 大さじ1と1/2
長ねぎ… 5cm分

作り方

1. シジミは貝同士をこすり合わせてよく洗い、水に30分〜1時間浸けて砂抜きする。
2. 鍋に1.とだし汁を入れて中火にかける。アクを取り除き、煮立ったら弱火にして約5分煮る。
3. みそを溶き、みじん切りにした長ねぎをちらす。

炒め物アレンジ①

ホタテと小松菜の豆豉《とうち》炒め

うまみたっぷりのホタテは炒め物に最適。
豆豉の風味で一気に本格味に。

材料（2人分）

114 kcal

ボイルホタテ … 6個
小松菜 … 5わ
長ねぎ … 10cm分
しょうが … 1/2かけ
にんにく … 1/2かけ
豆豉 … 大さじ1
ごま油 … 小さじ1
酒 … 大さじ1

作り方

1. 長ねぎ、しょうが、にんにくはみじん切りにする。
2. 小松菜は4cm長さに切る。豆豉は粗く刻む。
3. フライパンにごま油を熱し、1.を中火で炒める。香りが立ったら、豆豉を加えてさっと炒め、ホタテを加える。
4. ホタテの表面に焼き色がついたら酒を入れてさっと混ぜ、小松菜を加えて炒め合わせる。

炒め物アレンジ②

鶏むね肉のレタス塩炒め

パサつきを避けるため、むね肉は手早く炒めること。
しょうがと塩昆布で香りよく味つけします。

材料（2人分）

136 kcal

鶏むね肉（皮なし）… 180g
酒 … 大さじ1
レタス … 1/2個
しょうが（せん切り）… 1かけ
ごま油 … 小さじ1
赤唐辛子（輪切り）… 1/2本分
塩昆布 … 5g

作り方

1. 鶏肉はそぎ切りにして酒をふり、もみ込む。
2. フライパンにごま油を熱し、しょうがと赤唐辛子を中火で炒める。
3. 香りが立ったら1.を加え、鶏肉の表面に焦げ目がついて中に火が通るまで炒める。
4. 手で大きめにちぎったレタスを加え、レタスが少ししんなりしたら塩昆布を加えて炒め合わせ、皿に盛る。

キャベツとらっきょうのサラダ

ミニトマトと豆腐のスープ

きのこカレー

ヘルシー献立⑦

カレー献立

市販のルゥを使ったカレーは、小麦粉も油脂も多いため高カロリーになりがち。
カレー粉だけで作る方法もありますが、男性には物足りないので、
カレー粉＋少量のルゥでおいしく上手にカロリーカット。
さっぱりサラダとスープを添えれば、バランスのよい献立に。

520kcal　たんぱく質24.5g　塩分5.5g　脂質14.1g（1人分）

きのこカレー

じゃがいもの代わりにたっぷりきのこでボリュームアップ。風味もぐんとアップします。

444kcal

材料（2人分）

豚もも薄切り肉 … 120g
玉ねぎ … 1/2個
にんじん … 50g
しめじ … 80g
しいたけ … 4枚
えのき … 80g
にんにく … 1/2かけ分
しょうが … 1/2かけ分
オリーブオイル … 小さじ1
カレー粉 … 大さじ1
白ワイン … 大さじ2
カレールゥ（フレーク状）… 大さじ3
塩、こしょう … 各少々
ガラムマサラ（あれば）… 小さじ1
ごはん … 200g

作り方

1. 豚肉はひと口大に切る。玉ねぎは5mm厚さの薄切りに、にんじんは5mm厚さの半月切りにする。しめじは石づきを取ってばらし、しいたけは石づきを取って5mm厚さに切る。えのきは石づきを取って3cm長さに切る。にんにく、しょうがはみじん切りにする。
2. フライパンにオリーブオイル、にんにく、しょうがを入れ、中火で炒める。
3. 香りが立ったら豚肉と残りの野菜をすべて加えて炒める。野菜がしんなりとしたらカレー粉を加えて全体にまんべんなくからめる。
4. 白ワイン、水350ml（分量外）を加えてアクを取り除き、煮立ったら弱火にしてふたをし、約10分煮る。
5. カレールゥを加えてとろみをつけ、塩、こしょうで味をととのえる。あればガラムマサラを入れる。
6. 皿に温かいごはんを盛り、5.をかける。

ヘルシー献立⑦

キャベツとらっきょうのサラダ

らっきょうの甘酢でキャベツをたっぷりいただきます。シャキシャキ食感で食べごたえも。

33 kcal

材料（2人分）

キャベツ…80g
塩…少々
らっきょう漬け…40g
らっきょうの漬け汁…大さじ1/2
しょうゆ…小さじ1/3
黒こしょう…少々

作り方

1. キャベツはせん切りにし、塩をふって軽くもむ。水分が出てきたら絞る。らっきょう漬けもせん切りにする。
2. ボウルに1.と漬け汁、しょうゆを入れて和える。皿に盛り、黒こしょうをふる。

ミニトマトと豆腐のスープ

和風だしベースのスープは、トマトが入ることでちょっと新鮮な味わいに。

43 kcal

材料（2人分）

ミニトマト…8個
絹ごし豆腐…70g
だし汁（P48）…400ml
しょうゆ…小さじ1
塩…小さじ1/2

作り方

1. ミニトマトは半分に切る。豆腐は1cm角に切る。
2. 小鍋にだし汁を入れて中火にかける。煮立ったら1.を加えてひと煮立ちさせ、約3分煮る。
3. しょうゆ、塩を加えて味をととのえる。

カレーアレンジ

ひよこ豆とひき肉のドライカレー

ドライカレーも、ルゥの力を借りて濃厚味に。ひよこ豆を入れることでおいしくかさ増しを。

530 kcal

材料（2人分）

鶏ひき肉…150g
ひよこ豆（ゆでたもの）…100g
玉ねぎ…1/2個
にんじん…50g
にんにく…1かけ
しょうが…1かけ
オリーブオイル…小さじ1
カレー粉…大さじ2
カレールゥ（フレーク状）…大さじ2
白ワイン…大さじ2
ごはん…200g
パセリ（みじん切り）…大さじ1

作り方

1. 玉ねぎ、にんにく、しょうがはみじん切りにする。にんじんは7、8mm角に切る。
2. フライパンにオリーブオイル、にんにく、しょうがを入れ、中火で炒める。
3. 香りが立ったら玉ねぎを加えて炒め、玉ねぎが透き通ったら鶏ひき肉を加えてほぐしながら炒める。
4. 鶏肉の色が変わったら、にんじん、ひよこ豆、カレー粉を加えて炒め合わせる。
5. 白ワインを加え、煮立ったらカレールゥを加えて炒め合わせる。
6. 皿に温かいごはんを盛り、5.をかけてパセリをちらす。

夜遅い日のヘルシー献立

夕食が夜遅くなったら、胃にもたれないメニューを心がけます。消化に時間のかかる油分は極力使わないのが理想です。

ブロッコリーのサラダ

梅と大根のぞうすい

ぞうすい献立

刻んだ大根で少なめのごはんをボリュームアップ。
副菜には歯ごたえのよい野菜のひと皿を。

212kcal　たんぱく質12.3g　塩分3.9g　脂質1.7g

梅と大根のぞうすい

冷やごはんに大根を刻んでおかゆ仕立てに。疲れたからだを癒す、ほっとする味わいです。

160 kcal

材料（2人分）

大根 … 200g
梅干し … 2個
細ねぎ … 3本
ごはん…150g
だし汁（P48／水でも可）… 500ml
酒 … 小さじ2
しょうゆ … 小さじ1
塩 … 少々

作り方

1. 大根は1cm角に切る。細ねぎは斜め切りにする。
2. 鍋に大根、だし汁、酒を入れて中火にかける。アクを取り除き、煮立ったら梅干しを崩しながら加える。さらにごはんを加え、弱火にして約8分煮る。
3. しょうゆ、塩を加えて味をととのえ、細ねぎをちらす。

ブロッコリーのサラダ

和がらしで和えて味わいに楽しい驚きを。ツナは水煮を使っておいしくカロリーカットを。

52 kcal

材料（2人分）

ブロッコリー … 100g
塩 … 少々
ツナ缶（水煮）… 小1缶（80g）
和がらし … 小さじ1
しょうゆ … 小さじ1/2

作り方

1. ブロッコリーは小房に分け、塩を加えた熱湯で約2分ゆで、ざるに上げる。ツナは汁けをきる。
2. ボウルに1.と和がらし、しょうゆを入れてさっと和える。

水菜のおかか和え

えびと枝豆の春雨温麺

温麺献立

低カロリーで消化しやすい春雨麺なら、遅い時間に食べても安心。
温かいスープ麺と瑞々しい副菜の組み合わせが、相性よし。

277kcal　たんぱく質23.4g　塩分2.2g　脂質3.5g

えびと枝豆の春雨温麺

えびと枝豆がたっぷり入って食べ応えあり。やさしいエスニック味の“食べる”スープです。

256 kcal

材料（2人分）

むきえび … 150g
片栗粉 … 大さじ2
枝豆（ゆでたもの）… 200g（さやつき）
緑豆春雨 … 50g
長ねぎ … 50g
しょうが … 1/2かけ
だし汁（P48）… 500ml
酒 … 大さじ1
ナンプラー … 小さじ2
こしょう … 少々

作り方

1. えびは片栗粉をまぶしてもみ、流水で洗い流す。枝豆はさやから実を取り出す。春雨はぬるま湯に約8分浸けて戻す。
2. 長ねぎはみじん切りに、しょうがはせん切りにする。
3. 鍋に2.とだし汁、酒を入れて中火にかける。煮立ったら1.を加えてアクを取り除き、ふたたび煮立ったら弱火にして約7分煮る。
4. ナンプラー、こしょうで味をととのえる。

水菜のおかか和え

シャキシャキ水菜はおかかでうまみを加えて。野菜は多めに食べても大丈夫です。

21 kcal

材料（2人分）

水菜 … 80g
かつおぶし … 3g
ポン酢 … 大さじ1と1/2

作り方

1. 水菜は4cm長さに切る。
2. ボウルに1.とかつおぶし、ポン酢を入れてさっと和える。

晩酌派夫のおつまみ献立

「ごはん1膳よりもお酒を1杯!」というご主人には、ヘルシーなおつまみを数種用意。お酒に合うけど、お酒がすすみすぎない、そんな工夫が大切です。

キャベツとアサリの小鍋

焼き油揚げと長ねぎのわさび和え

炒り大豆の黒酢漬け

ビールや焼酎に

小鍋献立

鍋料理なら、スープでお腹がいっぱいになるので、
ビール1杯でも満足できるはず。小さな副菜2品がついた充実の献立です。

443kcal たんぱく質28.7g 塩分6.0g 脂質23.5g

キャベツとアサリの小鍋

たっぷりのキャベツと豆苗を、アサリの塩分とおだしでいただく小鍋仕立て。

56 kcal

材料（2人分）

キャベツ…200g
アサリ（砂抜きしたもの）…200g
豆苗…100g
しょうが…1/2かけ
水…600ml
昆布…3cm角
酒…大さじ1
塩…小さじ1/2

作り方

1. キャベツは3cm幅に切る。しょうがは薄切りにする。昆布はぬれ布巾で表面をふく。
2. 鍋に1.と水、昆布を入れて中火にかける。煮立ったら酒を加えてふたをし、5分煮る。
3. アサリと根元を切った豆苗を加え、ふたたびふたをして約3分煮る。
4. 塩で味をととのえる。

アサリの砂抜きの方法

水500mlに塩大さじ1を入れた塩水にアサリを浸し、冷暗所（夏は冷蔵庫）で約2時間おく。

焼き油揚げと長ねぎのわさび和え

香ばしく焼いた油揚げに、長ねぎの香味とわさびのツンとした香りがアクセント。

191 kcal

材料（2人分）

油揚げ…80g
長ねぎ…80g
A
- 練りわさび…小さじ1
- しょうゆ…小さじ1
- ごま油…小さじ1

作り方

1. 油揚げは魚焼きグリルかオーブントースターで表面に焦げ目がつくまで3、4分焼き、細切りにする。
2. 長ねぎは斜め薄切りにして水に約5分さらす。
3. ボウルにAを入れてよく混ぜ、1.と水けをきった2.を加えて和える。

炒り大豆の黒酢漬け

生の大豆から作る、コリコリ食感の常備菜。
おつまみや箸休めに大活躍する一品。

196 kcal

材料（作りやすい分量）

大豆（生豆）…200g
A
- 酢…100ml
- しょうゆ…100ml
- てん菜糖…大さじ1
- 水…100ml
- 酒…大さじ1

作り方

1. フライパンに大豆を入れて弱火にかける。フライパンを動かしながら大豆の皮がはじけて軽く焦げ目がつくまでから煎りし、耐熱性の保存容器に入れる。
2. 小鍋にAを入れて中火にかけ、煮立ったら1.に注ぐ。

※30分ほどおき、大豆のしわがなくなったら食べ頃。
※冷蔵庫で約10日間保存可能。

ルッコラマッシュルーム
ジンジャーサラダ
豆腐のレモンマリネ
イカとミニトマトの
カルパッチョ

ワインに

洋風おつまみ献立

噛みごたえのあるイカをメインに、２杯目に行きたくなる前に
満足感を与えましょう。豆腐もひと工夫でワインに合うおつまみに。

224kcal　たんぱく質17.9g　塩分4.3g　脂質12.6g

イカとミニトマトのカルパッチョ

ほんの少しのオイルの風味と、レモンの酸味、トマトの甘みでいただくヘルシーなカルパッチョです。

112 kcal

材料（２人分）

イカ（刺身用／スルメイカ、ヤリイカなど）
…150g
ミニトマト…12個
レモン汁…大さじ1
塩…小さじ1/2
こしょう…少々
オリーブオイル…小さじ1

作り方

1. イカは1.5cm幅に切る。
2. ミニトマトは半分に切り、レモン汁、塩、こしょうと一緒に和える。
3. イカを器に盛り、オリーブオイルを回しかけ、2.を添える。

ルッコラマッシュルームジンジャーサラダ

しょうがの鋭い風味で舌に心地よい刺激を。白ワインにぴったりな前菜です。

45 kcal

材料（２人分）

ルッコラ…60g
マッシュルーム（生）…4個
しょうが…1/2かけ
塩…小さじ1/2
こしょう…少々
オリーブオイル…小さじ2

作り方

1. ルッコラは食べやすい長さに切る。マッシュルームは石づきを取って5mm厚さに切る。
2. しょうがをすりおろし、塩、こしょう、オリーブオイルと合わせる。
3. 1.を2.で和えて皿に盛る。

豆腐のレモンマリネ

少し趣向を変えた冷や奴。まるであっさりとしたカッテージチーズのようです。

67 kcal

材料（２人分）

木綿豆腐…60g
レモン…30g
塩…小さじ1/4
オリーブオイル…小さじ2
黒こしょう…少々

作り方

1. 豆腐はしっかり水きりをし、1cm角に切る。
2. レモンは皮をむき、5mm厚さのいちょう切りにする。
3. ボウルに1.、2.を入れて合わせ、塩、オリーブオイルを加えてさっと和え、黒こしょうをふる。

>> Column1

だしのこと

薄味に調味しても、ベースにだしをしっかり効かせていると、物足りないと思うことがありません。ていねいに取っただしで作るみそ汁は、みその量を控えめにしても本当においしい。だしにはミネラルが豊富なので、食事全体の栄養バランスもととのいます。毎日だしを取るのは少し大変かもしれませんが、冷蔵保存できるので、使う量を計算してまとめて作っておくのもよいと思います。

おいしいだしの取り方

1.

1リットルの水に対して、昆布5cm角1枚を2時間～ひと晩浸しておく。

2.

鍋を中火にかけ、昆布から小さな泡が出てきたら水50ml程度を注ぐ。

※昆布は70度ぐらいの湯に浸しているときにいちばんうまみが出るため、湯が熱くなりすぎないように途中で水を注ぎます。

3.

弱火にしてかつおぶしをひとつかみ入れ、1、2分加熱する。

4.

火を止め、かつおぶしが自然に沈むのを待ってからこす。

※冷蔵庫で2、3日間保存可能。

忙しいときは市販のだしパックを利用しても。そのまま煮出して使え、こす必要もない。化学調味料や塩分が無添加のものがおすすめ。

2

ヘルシー食材で作る主役のおかず

鶏ならささみ肉やむね肉を、豚ならもも肉を、魚の場合は白身魚か青魚を。
食材選びから気をつければ、おかずは自然とヘルシーに。
メインをはれる、おいしい主菜のバリエーションを紹介します。

ヘルシー食材①

鶏ささみ肉のレシピ

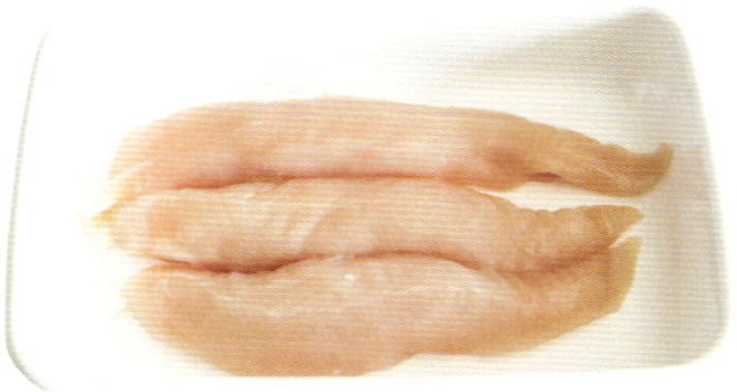

105kcal／100g

肉類では低カロリーな鶏肉ですが、なかでももっとも低い部位がささみ肉。鶏の胸部の内側にあるのが「ささみ」で、脂質がほぼない高タンパク質食材なので、ダイエットには最適です。調理の際は、強火でぐらぐら煮立たせるとパサつくので、余熱でじんわりと火を通すのが、しっとり仕上げるポイントです。

鶏ささみおろし和え

余熱で火を通したしっとり食感のささみを
大ぶりに切って、さっぱりいただきます。

56 kcal

材料（2人分）

鶏ささみ肉…2本
酒…小さじ1
大根おろし…4cm分
細ねぎ…2本
ポン酢…小さじ2

作り方

1. ささみ肉は筋を取り、酒を加えた熱湯で約2分ゆでて火を止める。ふたをしてそのまま冷ましながら中まで火を通す。細ねぎは2cm幅の斜め切りにする。
2. ささみ肉を食べやすい大きさに切り、大根おろし、細ねぎ、ポン酢と和える。

にんじんとねぎのロールささみ

せん切りにした野菜の歯ごたえが楽しく、
ボリュームも満点。お弁当にもおすすめです。

68 kcal

材料（2人分）

- 鶏ささみ肉 … 2本
- にんじん … 30g
- 長ねぎ … 40g
- 塩 … 小さじ1/2
- サラダ油 … 少々
- 酒 … 小さじ2
- こしょう … 少々

作り方

1. ささみ肉は筋を取り、観音開きにする。
2. にんじん、長ねぎはせん切りにし、1.の手前にのせる。全体に塩をふり、手前からきつめに巻いていく。
3. フライパンにサラダ油を熱し、2.の巻き終わりを下にして中火で焼く。
4. 途中裏返しながら、全体に焼き目がついたら酒を加え、弱火にしてふたをし、約2分蒸し焼きにする。こしょうをふり、好みでゆずこしょう少々（分量外）をつけていただく。

ヘルシー食材②

鶏むね肉のレシピ

108kcal／100g
(皮なし)

ささみと同じくローカロリー＆高タンパクな鶏むね肉。ささみより脂質があるので（とはいえ低い水準）食べやすく、厚みもあるのでさまざまな料理に活用しやすいでしょう。おなじみの鶏もも肉と比べると、カロリーも脂質も低く抑えられるので、ダイエットには断然むね肉がおすすめです。

鶏むねそぼろ

包丁で大きめにたたいた肉で、食べごたえのあるそぼろに。
ダイエット中の常備菜にも。

151 kcal

材料（2人分）

- 鶏むね肉（皮なし）… 200g
- にんじん … 50g
- しいたけ … 2枚
- しょうが … 1かけ
- ごま油 … 小さじ1
- 酒 … 大さじ1
- しょうゆ … 小さじ2
- 塩 … 小さじ1/3

作り方

1. 鶏肉は5mm角に切る。
2. にんじん、しいたけ、しょうがはみじん切りにする。
3. フライパンにごま油を熱し、しょうがを中火で炒める。
4. 香りが立ったら1.を加え、鶏肉の色が変わったら、にんじん、しいたけ、酒を加えて全体がしんなりとするまで炒める。
5. しょうゆ、塩を加え、汁けがなくなるまで炒める。

鶏ハム

あっさりと上品なおいしさは、サラダにサンドイッチにと、
ハム代わりに使うと便利です。

108
kcal

材料（3人分）

鶏むね肉（皮なし）… 300g
てん菜糖 … 小さじ1と1/2
塩 … 小さじ1
酒 … 大さじ1

作り方

1. 鶏肉は包丁で切れ目を入れてひろげ、厚さを均一にする。てん菜糖をふり、よくもみ込む。
2. てん菜糖の粒がなくなったら塩をすり込み、手前からくるくると巻き、ラップできつく包む。冷蔵庫に入れて2、3日おく。
3. ラップをはずしてボウルに入れ、かぶるくらいの水を加える。約1時間浸けて塩抜きをする。
4. 酒を加えた熱湯で3.の肉を約5分ゆでて火を止める。ふたをしてそのまま冷ましながら中まで火を通す。
5. 食べやすい厚さに切り、皿に盛る。
※そのまま食べても、好みで粗塩をふっても。

ヘルシー食材③

豚もも肉のレシピ

148kcal／100g

カロリーが気になる豚肉は、部位に注意を。脂質が多い肩肉やロース肉、1/3以上が脂のバラ肉は避け、必ずもも肉を選びます。もも肉でも、脂が多いようなら切り落として調理しましょう。豚肉のうまみと香りは十分なので、少量でも「お肉を食べた！」という満足感が得られます。

豚の厚切りマスタードソテー

ほんの少しのワインをもみ込むことで、うまみを引き出して柔らかに。食べごたえもばっちり。

237 kcal

材料（2人分）

- 豚もも厚切り肉（1cm厚さ）… 約250g
- 粒マスタード … 大さじ1
- 白ワイン … 小さじ1
- 塩 … 小さじ1
- こしょう … 少々
- オリーブオイル … 小さじ2

作り方

1. 豚肉は食べやすい大きさに切る。
2. ボウルにすべての材料を入れ、よくもみ込む。
3. アルミホイルにのせ、オーブントースターか魚焼きグリルに入れて表面に焼き目がつくまで弱火で約8分焼く。

豚しゃぶ　香味野菜のせ

しゃぶしゃぶは、ゆでることで余分な脂が落ち、さらにヘルシーに。
たっぷりの野菜と一緒にもりもりいただきます。

175 kcal

材料（2人分）

豚もも肉（しゃぶしゃぶ用）… 200g
酒 … 小さじ2
レモン汁 … 大さじ1
しょうゆ … 小さじ2
三つ葉 … 1/2束
ミニトマト … 6個
しょうが … 1かけ
七味唐辛子 … 少々

作り方

1. 鍋に湯を沸かし、酒を加えて豚肉を1枚ずつ入れる。色が変わったらざるに上げ、水けをきってボウルに入れる。熱いうちにレモン汁としょうゆを加えて和える。
2. 三つ葉は3cm長さに切り、ミニトマトは半分に切る。しょうがはせん切りにする。
3. 1.のボウルに2.を加えてさっと和える。皿に盛り、好みで七味唐辛子をふる。

キャベツとごぼうの重ね煮

豚肉のうまみとごぼうの香りが一体に。
少ない肉でも力強い味わいが楽しめます。

211 kcal

材料（2人分）

豚もも薄切り肉 … 150g
キャベツ … 250g
玉ねぎ … 1/2個
ごぼう … 1本
酒 … 大さじ2
塩 … 小さじ1
こしょう … 少々

作り方

1. キャベツはせん切りにし、玉ねぎは2mm厚さに切る。ごぼうはせん切りにして水にさらす。
2. 鍋に、キャベツの1/3量、水けをきったごぼうの1/2量、豚肉の1/2量、玉ねぎの1/2量を順にのせる。
3. 上に残りのキャベツの1/2量と、残りのごぼう、豚肉、玉ねぎを重ね、最後に残りのキャベツをのせる。
4. 酒、塩、こしょうを加えてふたをし、中火にかける。煮立ったら弱火にして約10分蒸し煮にする。器に盛り、好みで黒こしょう少々（分量外）をふる。

豚肉と白菜の梅蒸し

細切りにした白菜をとろりと煮込んで。
白菜に肉のうまみが染み込み、梅干しの酸味も爽やかです。

180 kcal

材料（2人分）

豚もも肉（しょうが焼き用）
…180g
白菜…250g
長ねぎ…1本
梅干し…2個
酒…大さじ1
しょうゆ…小さじ1
ごま油…小さじ1

作り方

1. 白菜は細切りにする。長ねぎは斜め薄切りにする。
2. 鍋に1.を入れて豚肉をのせ、梅干しを崩しながら加える。
3. 酒をふり、ふたをして弱火にかけ、約12分加熱する。
4. 全体に火が通ったらしょうゆとごま油を回しかける。

ヘルシー食材④

ラム肉のレシピ

233kcal／100g
（肩ロース肉）

高タンパク質で、体脂肪を分解する作用があるカルニチンという成分が、どの肉類よりも群を抜いて多い、ラム肉。まだまだなじみのない方も多いかもしれませんが、ダイエットに最適の食材なので、スーパーで見かけたらぜひチャレンジしてみてください。独特の香りもおいしさのひとつで、満足感につながります。

ラムのトマトソテー

シンプルにソテーしたラム肉をトマトなどと軽く煮込んで、独特の香りを生かします。

296 kcal

材料（2人分）

ラム肉（焼き肉用）… 200g
玉ねぎ … 1/2個
セロリ … 1/4本（50g）
トマト … 150g
にんにく … 1/2かけ
オリーブオイル … 小さじ1/2
ローリエ … 1枚
白ワイン … 大さじ2
塩 … 小さじ1/2
こしょう … 少々
パセリ（みじん切り）… 大さじ1

作り方

1. 玉ねぎ、セロリは粗みじん切りにする。トマトはざく切りに、にんにくは薄切りにする。
2. フライパンにオリーブオイルとにんにくを入れ、中火にかける。香りが立ったらラム肉を加え、両面に焼き目がつくまで焼く。
3. 玉ねぎ、セロリ、トマト、ローリエを加える。野菜の水分が出たらアクを取り除き、煮立ったら白ワインを加える。弱火にしてふたをし、約8分蒸し煮する。
4. 塩、こしょうで味をととのえ、皿に盛ってパセリをちらす。

ラムと春菊のオイスター炒め

個性的なラムの味わいは強い風味と相性よし。
春菊の苦みにオイスターソースで風味を重ねて。

284 kcal

材料（2人分）

ラム肉（焼き肉用）… 200g
春菊 … 1束
パプリカ（赤）… 50g
しょうが … 1/2かけ
ごま油 … 小さじ1/2
A ＊混ぜておく
　オイスターソース … 大さじ1
　酒 … 大さじ1
塩 … 少々

1. ラム肉は1cm幅の棒状に切る。
2. 春菊は根元の硬い部分を切り落とし、4cm長さに切る。パプリカは5mm幅に切る。しょうがはせん切りにする。
3. フライパンにごま油を熱し、しょうがを中火で炒める。
4. 香りが立ったら1.を加えて炒める。
5. 肉に焼き目がついたらにんじんを加えてしんなりするまで炒め、Aを加えてからめる。
6. 春菊を加えてしんなりするまで炒め合わせ、塩で味をととのえる。

ヘルシー食材⑤

白身魚のレシピ

（サワラ）177kcal／100g
（カジキ）141kcal／100g
（タラ）77kcal／100g
（スズキ）123kcal／100g
（タイ）194kcal／100g

カロリーが低く高タンパクの白身魚。おすすめは、サワラやカジキ、タラ、スズキ、タイなど。味が淡白なので、調味でバリエーションをつけるのが、腕の見せ所です。どのメニューもほかの白身魚に置き換えて作ることができるので、季節のものや入手しやすいもので、上手にアレンジをしてください。

サワラのカレーソテー

カレー粉をまぶしてふっくらとソテー。
慣れ親しんだ安心感のある味わいです。

198 kcal

材料（2人分）

サワラ…180g（2切れ）
酒…小さじ1
しょうゆ…小さじ1
A ＊混ぜておく
- カレー粉…小さじ1
- 薄力粉…小さじ2

オリーブオイル…小さじ1

作り方

1. サワラは半分に切り、酒、しょうゆをふってもみ込み、10分漬ける。キッチンペーパーなどで水分を軽くおさえ、Aを全体に薄くまぶす。
2. フライパンにオリーブオイルを熱し、1.を中火で焼く。
3. 焼き目がついたら裏返し、弱火にしてふたをし、約6分焼く。

カジキのオイル煮

淡白なカジキマグロをオリーブオイルでさっと煮込んだ、シンプルなひと皿。適度な油でコクと風味が加わります。

211 kcal

材料（2人分）

カジキマグロ … 200g（2切れ）
塩…少々

A
- にんにく … 1/2かけ
- ローリエ … 1枚
- 白ワインビネガー … 大さじ1
- 白ワイン … 大さじ2
- 塩 … 小さじ2/3
- こしょう … 少々
- オリーブオイル … 大さじ1

作り方

1. カジキマグロは塩をふって約10分おき、出てきた水分をキッチンペーパーなどでおさえる。
2. にんにくは薄切りにする。
3. 鍋に1.とAを入れてふたをし、中火にかける。煮立ったら弱火にして約7分煮る。火を止めて冷ましてから皿に盛り、好みで黒こしょう少々（分量外）をふる。

タラのホイル焼き

一度に野菜も摂れるホイル焼きは、
忙しいときのダイエットメニューにおすすめです。

93
kcal

材料（2人分）

タラ … 200g（2切れ）
塩 … 少々
しめじ … 40g
スナップえんどう … 4本
にんじん … 20g
酒 … 小さじ1
レモン汁 … 小さじ2
しょうゆ … 小さじ1

作り方

1. タラは塩をふって約10分おき、出てきた水分をキッチンペーパーなどでおさえる。
2. しめじは石づきを取ってばらし、スナップえんどうは筋取る。にんじんは薄切りにする。
3. アルミホイルに1.と2.をのせ、酒をふってホイルをねじるようにしてとじる。
4. フライパンに3.をのせてふたをし、弱めの中火にかけて約8分蒸し焼きにする。
5. レモン汁としょうゆをかけていただく。

スズキの焼きびたし

焼いたスズキと野菜をマリネ。余分な脂がタレに落ちるので
しっかり味でもヘルシーです。

180 kcal

材料（2人分）

スズキ … 200g（2切れ）
塩 … 少々
長ねぎ … 1/2本
ししとう … 8本
A
- 酢 … 大さじ2
- しょうゆ … 大さじ1
- だし汁（水でも可） … 大さじ2
- 白炒りごま … 大さじ1

作り方

1. スズキは塩をふって約10分おき、出てきた水分をキッチンペーパーなどでおさえる。
2. 長ねぎは4cm長さに切り、ししとうは端を切り落とす。
3. 魚焼きグリルに1.と2.をのせ、表面に焼き目がつくまで約8分焼く。
4. バットなどにAを入れて混ぜ、3.が熱いうちに漬ける。
※10分ほど漬けてから食べる。前日から漬けておいてもおいしい。

ヘルシー食材⑥

青魚のレシピ

（サバ）202kcal／100g
（イワシ）217kcal／100g
（サンマ）310kcal／100g

サバやイワシ、サンマなどの青魚は、脂がのっている旬のものほどカロリーはありますが、DHAなどの栄養素が豊富なため、ダイエット中でも積極的に摂ってほしいもの。魚焼きグリルで脂を落としながら焼いたり、マリネ液に漬けて余分な脂を落としたりなど工夫をして、上手にヘルシーにいただきます。

焼きサバ玉ねぎマリネ

香ばしく焼いたサバをたっぷりの紫玉ねぎとマリネすることでさらに脂を落とします。

188 kcal

材料（2人分）

塩サバ…160g（半身1切れ）

A
- 紫玉ねぎ…1/2個
- ディル（みじん切り）…大さじ1
- レモン汁…大さじ2
- ナンプラー…小さじ1

黒こしょう…少々

作り方

1. 紫玉ねぎは2mm厚さに切り、水に5分さらして水けをよくきる。
2. サバは2等分に切り、魚焼きグリルで表面に焼き目がつくまで約8分焼く。
3. バットなどにAを入れて混ぜ、2.が熱いうちに漬ける。
4. 皿に盛り、好みで黒こしょうをふる。

※でき立てもおいしいが半日ぐらい漬けておいてもおいしい。

イワシのしょうが蒸し

たっぷりのしょうがでイワシの青臭さを消しながら、
ふっくら蒸します。香菜がよく合う中華味。

242 kcal

材料（2人分）

イワシ … 180g
塩…少々
しょうが … 1かけ
酒 … 大さじ1
塩 … 小さじ1/2
ごま油 … 小さじ2

作り方

1. イワシは内臓と頭を取り除いてよく洗う。塩をふって約10分おき、出てきた水分をキッチンペーパーなどでおさえる。しょうがはせん切りにする。
2. フライパンにアルミホイルかオーブンシートを敷き、イワシを入れる。しょうがをのせ、酒、塩、ごま油をふる。
3. ふたをして中火で約8分蒸し焼きにする。あれば香菜（分量外）を添えて一緒にいただく。

豆腐のレシピ

（絹）56kcal／100g
（木綿）72kcal／100g
（厚揚げ）150kcal／100g

低カロリーで良質なタンパク質が摂れる豆腐は、ぜひいろいろアレンジして日々の献立に加えたいもの。厚揚げは油で揚げているぶんカロリーは高めですが、ボリュームがあって満足感を得やすいので、油抜きをしてから使うなど、上手に取り入れましょう。どちらもメインをはれるおかずに仕上がりました。

厚揚げの甘酢炒め

角切りにした厚揚げを甘酸っぱく煮込みます。
厚揚げ自体の油で炒めていくイメージです。

198 kcal

材料（2人分）

厚揚げ…150g
玉ねぎ…1/2個
にんじん…50g
細ねぎ…2本
サラダ油…小さじ1/2
A ＊混ぜておく
　酒…小さじ2
　トマトケチャップ…大さじ2
　しょうゆ…小さじ1
　酢…小さじ1
塩、こしょう…各少々

作り方

1. 厚揚げはざるに入れ、熱湯をさっと回しかけて油抜きをしてから、2cm角に切る。
2. 玉ねぎは2cm角に切り、にんじんは乱切りにする。細ねぎは2cm幅の斜め切りにする。
3. フライパンにサラダ油を熱し、1.と玉ねぎ、にんじんを中火で炒める。
4. 全体に火が通ったらAを加えてからめ、塩、こしょうで味をととのえる。
5. 皿に盛り、細ねぎをちらす。

厚揚げチャンプルー

大きめに切った厚揚げが肉代わり。たっぷりの野菜と炒めて、
シンプルに調味します

146
kcal

材料（2人分）

厚揚げ … 150g
小松菜 … 4わ
もやし … 50g
しょうが … 1かけ
ごま油 … 小さじ1
酒 … 小さじ1
しょうゆ … 小さじ1
塩 … 小さじ1/3

作り方

1. 厚揚げはざるに入れ、熱湯をさっと回しかけて油抜きをしてから、食べやすい大きさに切る。
2. 小松菜は8cm長さに切り、もやしはひげ根を取る。しょうがはせん切りにする。
3. フライパンにごま油を熱し、しょうがを中火で炒める。
4. 香りが立ったら1.を加えて焼く。
5. 厚揚げに焼き目がついたら、小松菜、もやしを加えてさっと炒め、酒、しょうゆを加える。手早く炒め合わせ、全体がしんなりしたら塩で味をととのえる。

ホタテと長いもの豆腐蒸し

ホタテ缶の煮汁で柔らかく蒸した豆腐と、
とろとろの長いも。ホタテのだしが決め手です。

136
kcal

材料（2人分）

ホタテ缶 … 小1缶（80g）
長いも … 150g
絹ごし豆腐 … 150g
しょうが … 1かけ
水 … 300ml
酒 … 小さじ2
しょうゆ … 小さじ1/3

作り方

1. 長いもはすりおろし、しょうがはせん切りにする。
2. 鍋にホタテを缶汁ごと入れ、水、酒を加えて中火にかける。
3. 煮立ったら豆腐をスプーンで大きめにすくいながら加え、長いもも加えて弱火で約5分煮る。
4. しょうゆを加えて味をととのえる。皿に盛り、しょうがと、あればスライスしたすだち（分量外）をのせる。

豆腐ステーキ　きのこあん

とくに軽めの食事にしたいときはこちらをメインディッシュに。
香ばしく焼いた豆腐を、たっぷりの野菜あんで。

106 kcal

材料（2人分）

木綿豆腐 … 200g
しいたけ … 2枚
長ねぎ … 50g
にんじん … 50g
しょうが … 1/2かけ
ごま油 … 小さじ1/2
だし汁（P48／水でも可）
… 150ml
酒 … 小さじ1
しょうゆ … 小さじ1
塩 … 小さじ1/4

作り方

1. 豆腐はしっかり水きりをする。
2. しいたけは石づきを取って5mm厚さに切り、長ねぎは斜め薄切りに、にんじん、しょうがはせん切りにする。
3. フライパンにごま油を熱し、1.を中火で焼く。両面に焼き目がついたら、一度皿に取り出す。
4. 同じフライパンを中火にかけ、2.とだし汁、酒を加える。アクを取り除き、煮立ったらそのまま5分煮る。
5. しょうゆ、塩を加えて3.を戻し入れ、ひと煮立ちさせてから器に盛る。好みで七味唐辛子（分量外）をふる。

ヘルシー食材⑧

缶詰のレシピ

（サケ水煮缶）170kcal／100g
（サバ水煮缶）190kcal／100g
（オイルサーディン缶）359kcal／100g

手軽に使える缶詰も、種類や使い方次第ではダイエットの味方。煮方に種類があるものは、オイル煮よりも水煮を選べばカロリーカットできますが、水煮缶の場合はどうしても魚臭さが残るので、焼いたり、水けをしっかりきったりして下準備を抜かりなく。骨まで食べられてカルシウムが摂れるのも、缶詰のいいところです。

サバ缶

大葉と三つ葉おろし和え

青魚特有の臭みがあるので、両面軽くあぶってから和えて。
脂が多いのでさっぱりどうぞ。

162 kcal

材料（2人分）

サバ水煮缶 … 1缶（150g）
三つ葉 … 1/3束
大葉 … 5枚
大根 … 150g
レモン汁 … 大さじ1
しょうゆ … 小さじ1

作り方

1. サバ缶は水けをきり、中火で熱したフライパンで焼き目がつくまで焼く。
2. 三つ葉はざく切りに、大葉はせん切りに、大根はすりおろす。
3. ボウルに2.とレモン汁、しょうゆを入れて和え、1.に添える。

サケ缶

サケとしらたきの山椒煮

骨もいただけるサケ缶を、しらたきでボリュームアップ。
山椒で香りよく煮込みます。

193 kcal

材料（2人分）

サケ水煮缶 … 1缶（200g）
しらたき … 150g
細ねぎ … 2本
酒 … 小さじ2
みりん … 小さじ1
しょうゆ … 小さじ1
粉山椒 … 小さじ1

作り方

1. サケ缶はざるに上げ、水けをしっかりきる。
2. しらたきは熱湯で約2分ゆでてアクを抜き、ざるに上げて食べやすい長さに切る。細ねぎは小口切りにする。
3. フライパンを熱し、1.を粗くほぐしながら中火で炒める。
4. 3.にしらたき、酒、みりん、しょうゆを加えて汁けがなくなるまで炒め、粉山椒を加えてからめる。
5. 器に盛り、細ねぎをちらす。

オイルサーディン缶

オイルサーディンのトマトグリル

焼いたトマトとにんにくオイルがおいしいソースになります。
手軽にできるのもうれしい。

200 kcal

材料（2人分）

オイルサーディン缶 … 1缶（105g）
ミニトマト … 4個
にんにく … 1/2かけ
バルサミコ酢 … 小さじ1
こしょう … 少々
パセリ（みじん切り）… 大さじ1/2

作り方

1. ミニトマトは横に3等分に切る。にんにくはみじん切りにする。
2. オイルサーディン缶のふたをあけて1.をのせ、バルサミコ酢、こしょうをふってパセリをちらす。
3. 魚焼きグリルかトースターに缶ごと入れ、表面に焼き目がつくまで約7分焼く。

>> Column2

かさ増しごはんのアイデア

糖質が多く、意外とカロリーの高い白米は、食べすぎには注意したいもの。本書では、ダイエットを目的としているので、1食100gのごはんの量を提案していますが、成人男性にはちょっと物足りない量。そこでごはんの量はそのままに、ヘルシーに「かさ増し」する3つのアイデアレシピをご紹介。具材を一緒に炊いたり、混ぜたり、のせたりすれば、満足できるひと皿になります。

炊き込みかやくごはん

しらたきと大豆でボリュームも栄養も満点。お肉を使わずだしで上品な味に炊き上げます。

278 kcal

材料（4人分）

米 … 1合半
しらたき … 200g
にんじん … 50g
長ねぎ … 50g
大豆（ゆでたもの）… 100g

A
- だし汁（P48）… 250ml
- 酒 … 大さじ1
- しょうゆ … 大さじ1
- 塩 … 小さじ1/4

絹さや … 6枚

作り方

1. しらたきは熱湯で約2分ゆでてアクを抜き、ざるに上げて1cm長さに切る。にんじんは5mm角に切り、長ねぎはみじん切りにする。
2. 鍋にAを入れて中火にかけ、煮立ったら1.を加える。アクを取り除き、ふたたび煮立ったら弱火にして約5分煮る。ざるに上げて煮汁と具を分ける。
3. 厚手鍋か土鍋に洗った米、2.の具、大豆を入れ、水を加えて300mlにした煮汁を注ぐ。
4. ふたをして強火にかけ、勢いよく湯気が出たら弱火にして約15分炊く。火を止めて15分蒸らし、食べる直前に、筋を取ってゆでたせん切りの絹さやをちらす。

鶏ささみレタスのサラダごはん

夏におすすめのさっぱりとした混ぜごはん。
レタスとレモンの香りが爽やかです。

348 kcal

材料（2人分）

ごはん … 260g
鶏ささみ肉 … 4本
酒 … 大さじ1
レタス … 1/3玉
紫玉ねぎ … 1/3個

A
レモン汁 … 大さじ1と1/2
塩 … 小さじ1
こしょう … 少々
オリーブオイル … 小さじ1

作り方

1. ささみ肉は筋を取り、酒を加えた熱湯で約2分ゆでて火を止める。ふたをしてそのまま冷ましながら中まで火を通す。
2. レタスは太めのせん切りにし、紫玉ねぎは2mm厚さに切って水にさらす。
3. 1.を食べやすい大きさにさいてボウルに入れ、Aと水けをきった紫玉ねぎを加えてよく和える。
4. ごはん、レタスも加えてさっと和える。器に盛り、好みで黒こしょう（分量外）をふる。

たたき長いもとオクラののっけごはん

ねばねば食材たっぷりで、汁物があれば
立派にヘルシー献立が完成。昼食や夜遅いときに。

328 kcal

材料（2人分）

ごはん … 260g
長いも … 150g
オクラ … 4本
塩 … 少々
みょうが … 1個
ちりめんじゃこ … 20g
ポン酢 … 大さじ2
白炒りごま … 大さじ1

作り方

1. 長いもは皮をむきビニール袋に入れて袋の上からめん棒でたたき、粗く割りつぶす。ポン酢の半量を加えて和える。
2. オクラは塩をふって板ずりする。熱湯で約30秒ゆでてざるに上げ、小口切りにする。
3. 器にごはんを盛り、1.と2.、小口切りにしたみょうが、ちりめんじゃこをのせ、ごまをふる。好みで残りのポン酢を回しかけ、混ぜながらいただく。

お弁当のすすめ

昼食は、職場の近くや外出先で外食するというだんなさんが多いと思います。天ぷらやフライ、中華といったハイカロリーなおかずに大盛りのごはん、なんてメニューを毎日食べていたら、家ごはんの工夫だけでは追いつきません。職場の環境が許すならば、お弁当で昼食もしっかり管理できるのが理想。本書で紹介しているおかずはお弁当に合うものも多いので、ぜひ活用してください。毎日は難しくても、週に2、3回をお弁当にするだけで体重が落ちやすくなるはずです。

ピーマンの
カレー炒め(P91)

ひじきと豆腐の
ハンバーグ (P19)

雑穀を混ぜて
炊いたごはん

蒸して型抜きした
にんじん

にんじんとねぎの
ロールささみ (P51)

豆乳マヨネーズの
ポテトサラダ (P87)

いんげんと
切り干し大根
の酢の物 (P90)

ひじきとにんじんの
しょうが煮 (P78)
を混ぜてかさ増し
したごはん

お弁当におすすめのおかず

【主菜】

鶏むねのしっとりから揚げ	p.13
スパイシーから揚げ	p.15
青のりと白身魚のヘルシーから揚げ	p.15
牛ハンバーグ	p.17
ひじきと豆腐のハンバーグ	p.19
お麩と長ねぎのみそハンバーグ	p.19
定番肉じゃが	p.21
根菜塩肉じゃが	p.23
長ねぎと鶏ひき肉の肉じゃが	p.23
ブリの塩焼き	p.25
肉野菜炒め	p.33
ひよこ豆とひき肉のドライカレー	p.39
にんじんとねぎのロールささみ	p.51
鶏むねそぼろ	p.52
鶏ハム	p.53
豚の厚切りマスタードソテー	p.54
サワラのカレーソテー	p.60
スズキの焼きびたし	p.63

【副菜】

しめじのごま和え	p.14
にんじんとズッキーニの温野菜	p.18
春菊のアーモンド和え	p.30
ブロッコリーのサラダ	p.41
水菜のおかか和え	p.43
炒り大豆の黒酢漬け	p.45
ひじきと小松菜のしょうが和え	p.79
ひじきとにんじんの春雨炒め	p.79
にんじんのマリネサラダ	p.87
豆乳マヨネーズのポテトサラダ	p.87
いんげんとトマトのからしじょうゆ和え	p.90
いんげんとごぼうの七味炒め	p.90
いんげんと切り干し大根の酢の物	p.90
ピーマンとじゃこの山椒炒め	p.91
ピーマンのカレー炒め	p.91
ピーマンと大根の梅和え	p.91

3

ヘルシーごはんの工夫

忙しいときに役立つストックに、野菜をもりもり食べられるドレッシング、
あと1品ほしいときの手軽な小鉢を、カロリー控えめに仕上げました。
いつものごはんをもっとヘルシーにするヒントがいっぱいです。

ヘルシーストック

料理が楽になるストックも、ダイエット仕様に作っておけば安心。物足りない日に、忙しい日に、ヘルシーに1品作れる心強い味方です。

71 kcal
（全量）

ヘルシーストック①

塩きのこ

きのこをゆでて水けをきったあと、塩だけで熟成。オイル不使用のヘルシーレシピですが、塩の力できのこのうまみが倍増。数種類のきのこを使うと味わいに奥行きが出ます（なめこ、まいたけ以外のきのこを使用）。塩ときのこだけとは思えない、滋味深いおいしさです。

▶ パンにのせたり、野菜と和えたり、スープに加えたり。付け合わせにそのまま添えても。

材料（作りやすい分量）

エリンギ … 100g
しめじ … 100g
えのき … 50g
しいたけ … 5枚
塩 … 小さじ1

作り方

1. エリンギは長さを2等分にし、縦に7、8mm厚さに切る。しめじは石づきを取ってほぐす。えのきは石づきを取って3等分に切る。しいたけは石づきを取って5mm厚さに切る。
2. 1.を熱湯で約1分半ゆでてざるに上げ、水けをよくきる。
3. 熱いうちに塩を加えて混ぜ、あら熱がとれたら保存容器に入れる。
※冷蔵庫で約1週間保存可能。

塩きのこで

鶏むねのソテー　きのこソース

セロリなどとさっと炒めれば具だくさんソースに。
調味は塩きのこのうまみで十分です。

材料（2人分）

188 kcal

塩きのこ … 1カップ
鶏むね肉（皮なし）… 250g
塩、こしょう … 各少々
セロリ … 150g
オリーブオイル … 小さじ1
白ワイン … 大さじ1

作り方

1. 鶏肉は塩、こしょうをふる。セロリは筋を取り、斜め薄切りにする。
2. フライパンにオリーブオイルを熱し、鶏肉を中火で焼く。
3. 軽く焼き目がついたら裏返し、セロリ、塩きのこ、白ワインを加える。弱火にしてふたをし、約7分蒸し焼きにする。

塩きのこで

きのことほうれん草の炒めごはん

ごはんは少なくても、塩きのこをたっぷり加えることでボリューム満点のチャーハンに。

材料（2人分）

268 kcal

ごはん … 260g
塩きのこ … 1カップ
ほうれん草 … 1/3束
長ねぎ … 10cm
ごま油 … 小さじ1
しょうゆ … 小さじ1

作り方

1. ほうれん草は1cm長さに切る。長ねぎはみじん切りにする。
2. フライパンにごま油を熱し、長ねぎを中火で炒める。
3. 塩きのこ、ほうれん草を加えて炒め合わせ、野菜がしんなりしたらごはんを加える。ごはんがほぐれたらしょうゆを回しかける。

ヘルシーストック②

ひじきとにんじんのしょうが煮

低カロリーで栄養価の高いひじきは、毎日でも摂りたい食材。通常は油で炒めてから調味するひじき煮を、煮汁に具材を入れて煮含めることで、油を使わずにヘルシーに作りました。砂糖やみりんも不使用なので、しょうがを効かせてにんじんの甘みを引き立たせます。おいしいカロリーカットの工夫です。

▶ 青菜と和えたり、ごはんに混ぜたり。

108 kcal
（全量）

材料（作りやすい分量）

ひじき（乾燥）… 30g
にんじん … 1本（約80g）
しょうが … 1かけ
だし汁（P48）… 300ml
酒 … 大さじ1
しょうゆ … 大さじ1

作り方

1. ひじきはたっぷりの水に約8分浸けて戻し、ざるに上げて水けをきる。にんじん、しょうがはせん切りにする。
2. 鍋にだし汁、酒を入れて中火にかけ、煮立ったら1.を加える。
3. 7、8分煮てしょうゆを加え、汁けがなくなるまで煮る。あら熱がとれたら保存容器に入れる。
※冷蔵庫で約1週間保存可能。

ひじきとにんじんのしょうが煮で

ひじきと小松菜のしょうが和え

“食べる調味料”のイメージで、ゆでた小松菜と和えるだけ。低カロリーで栄養満点です。

材料（2人分）

33 kcal

ひじきとにんじんのしょうが煮…1カップ
小松菜…4わ
塩…少々

作り方

1. 小松菜は塩を加えた熱湯で約1分30秒ゆでて冷水に取る。ざるに上げて水けをきり、食べやすい長さに切る。
2. ボウルに1.とひじきとにんじんのしょうが煮を入れてさっと和える。

ひじきとにんじんのしょうが煮で

ひじきとにんじんの春雨炒め

しょうが煮のうまみが春雨に行き渡っておいしくかさ増し。多めに作れば麺料理の代わりにも。

材料（2人分）

98 kcal

ひじきとにんじんのしょうが煮…1カップ
緑豆春雨…30g
細ねぎ…3本
ごま油…小さじ1
塩…少々

作り方

1. 春雨はぬるま湯に約10分浸けて柔らかく戻し、ざるに上げて水けをきる。細ねぎは2cm長さの斜め切りにする。
2. フライパンにごま油を熱し、ひじきとにんじんのしょうが煮を中火で炒める。
3. 春雨を加えて炒め合わせ、細ねぎも加えてさっと合わせ、塩で味をととのえる。

ヘルシーストック③

わかめの
酢じょうゆ漬け

塩抜きしたわかめを、沸かした漬け汁に浸せば完成。ヘルシーなうえに、うんと手軽なストックです。酢の物のような味で、そのままでもおいしいので、もう1品ほしいときの箸休めとして、冷蔵庫に常備しておくと便利。薄切りにしたきゅうりと合わせるなど、酢の物用の調味料感覚で使っても。

▶ 調味料代わりに野菜と和えたり、炒め合わせたり。

126 kcal
（全量）

材料（作りやすい分量）

塩蔵わかめ…70g

A
- 酢…大さじ3
- みりん…大さじ2
- しょうゆ…大さじ2
- 水…80ml

作り方

1. わかめは流水で洗い、たっぷりの水に約5分浸けて塩抜きする。ざるに上げて水けをきり、食べやすい長さに切る。
2. 小鍋にAを入れて中火にかけ、煮立ったら1.を加えて火を止める。あら熱がとれたら保存容器に入れる。

※冷蔵庫で約1週間保存可能。

わかめの酢じょうゆ漬けで

焼きアジとわかめの和え物

香ばしく焼いたアジをほぐして和え、さっぱりとしたひと皿に。調味とかさ増しの一石二鳥。

91 kcal

材料（2人分）

わかめの酢じょうゆ漬け … 1/2カップ
アジの干物 … 1枚
三つ葉 … 1/3束

作り方

1. アジの干物は焼き、ほぐしながら骨を取り除く。三つ葉はざく切りにする。
2. ボウルに1.とわかめの酢じょうゆ漬けを入れてさっと和える。

わかめの酢じょうゆ漬けで

わかめとかぶのスープ

うまみが強いわかめは、スープのベースとしても使えます。かぶとさっと煮合わせれば完成。

53 kcal

材料（2人分）

わかめの酢じょうゆ漬け … 1/2カップ
かぶ … 2個
かぶの葉 … 1個分
だし汁（P48）… 400ml
酒 … 小さじ1
塩 … 少々
ごま油 … 小さじ1/2

作り方

1. かぶの実は8等分のくし形に切る。
2. 小鍋に1.とだし汁、酒を加えて中火にかけ、煮立ったら弱火にして3分煮る。わかめの酢じょうゆ漬け、小口切りにしたかぶの葉、塩、ごま油を加えてひと煮立ちさせる。

ヘルシーストック④

もやしの酢漬け

1袋あたり約35kcalと、野菜のなかでもとくに低カロリーのもやし。家計にもやさしく、ダイエットの強い味方ですが、足が早いので、長くおいしく、ヘルシーに味わう工夫をしました。そのまま箸休めの一品としてはもちろん、かさ増し食材としても便利なので、和えたり、炒めたりと活用を。

▶ 調味料代わりに野菜と和えたり、炒め合わせたり。

126 kcal
（全量）

材料（作りやすい分量）

もやし … 1袋

A
- 黒酢（普通の酢でも可）… 100ml
- みりん … 大さじ2
- しょうゆ … 大さじ2
- 水 … 50ml
- 塩 … 小さじ1/3

作り方

1. もやしはひげ根を取り、熱湯で約30秒ゆでる。ざるに上げて水けをよくきり、保存容器に入れる。
2. 小鍋にAを入れて中火にかけ、煮立ったら1.に注ぐ。
※冷蔵庫で約1週間保存可能。

もやしの酢漬けで

もやしの酢漬けとスプラウトのツナ和え

ツナ缶と合わせて、ささっと一品が完成。
スプラウトの香りも効いています。

52 kcal

材料（2人分）

もやしの酢漬け … 1カップ
ツナ缶（水煮）… 小1缶（80g）
スプラウト … 1パック

作り方

1. もやしの酢漬けは軽く汁けをきる。ツナ缶は汁けをきり、ほぐす。スプラウトは根元を切り落とす。
2. ボウルに1.を入れてさっと和える。

もやしの酢漬けで

もやしの酢漬けと糸寒天のみょうが和え

ノンカロリーの寒天は頼もしい味方。
水で戻して和えるだけの手軽さもうれしい。

25 kcal

材料（2人分）

もやしの酢漬け … 1カップ
もやしの酢漬けの漬け汁 … 大さじ2
糸寒天 … 5g
みょうが … 1個

作り方

1. 糸寒天は食べやすい長さに切り、たっぷりの水に8分浸け戻す。水分をぎゅっと絞り、もやしの酢漬けの漬け汁に浸す。みょうがはせん切りにする。
2. ボウルに1.ともやしの酢漬けを入れてさっと和える。

手作りドレッシング

市販のドレッシングは油分が気になり、ノンオイルタイプだと味が今ひとつなことも。油量も味も自分で調節できる手作りはおすすめです。

きゅうりと大葉のごまドレッシング

168 kcal
（全量）

きゅうりのすりおろしをベースにした和風味。大葉で香りを、ごまでコクをプラスしました。

材料（作りやすい分量）

きゅうり … 1本
大葉 … 4枚
白炒りごま … 大さじ2
黒酢（酢でも可）… 大さじ3
てん菜糖 … 小さじ1
しょうゆ … 大さじ1
塩 … 小さじ1/3

作り方

きゅうりは皮ごとすりおろし、大葉はみじん切りにして、ほかのすべての材料と一緒に混ぜ合わせる。

※冷蔵庫で4、5日間保存可能（ですが、できれば少量ずつ作ってフレッシュなうちに使い切るのがおすすめ）。

▶ 刺身や豆腐につけたり、焼いたり蒸したりした白身魚のソースにも。

にんじんのマスタードドレッシング

90 kcal
（全量）

すりおろしたにんじんの甘みにマスタードでピリリとアクセント。

材料（作りやすい分量）

にんじん … 1本（約80g）
マスタード … 大さじ1
レモン汁 … 1個分
ナンプラー … 大さじ1
こしょう … 少々

作り方

にんじんはすりおろし、ほかのすべての材料と混ぜ合わせる。

※冷蔵庫で4、5日間保存可能（ですが、できれば少量ずつ作ってフレッシュなうちに使い切るのがおすすめ）。

▶ 葉野菜と和えたり、焼いたり蒸したりした肉や魚介のソースにも。

きゅうりと大葉のごまドレッシングで

アボカドと豆腐のサラダ

濃厚なアボカドに、大葉ときゅうりの青い香りが爽やか。
豆腐もたっぷりいただけます。

材料（2人分）

243 kcal

アボカド…1個
木綿豆腐…200g
きゅうりと大葉のごまドレッシング…大さじ3

作り方

アボカドは1cm角に切り、豆腐は水きりをして1cm角に切って、ドレッシングでさっと和える。

にんじんのマスタードドレッシングで

トマトとクレソンのサラダ

ドレッシングの甘みが、クレソンの苦み、トマトの酸味とよく合います。

材料（2人分）

36 kcal

ミニトマト…10個
クレソン…1束
にんじんマスタードドレッシング…大さじ3

作り方

ミニトマトは半分に切り、クレソンは食べやすい長さに切って、ドレッシングでさっと和える。

パセリとアーモンドのドレッシング

ざくざくと入ったアーモンドのおかげで、
ノンオイルながらもボリューム満点。
パセリの香りも新鮮です。

材料（作りやすい分量）

パセリ（みじん切り）… 大さじ5
アーモンド … 10粒
白ワインビネガー … 80ml
てん菜糖 … 大さじ1
塩 … 小さじ1
こしょう … 少々

178 kcal
（全量）

作り方

1. パセリはみじん切りにする。アーモンドは中火にかけたフライパンで軽く焦げ目がつくまでから煎りし、粗く刻む。
2. 1.とほかのすべての材料を混ぜ合わせる。
   ※冷蔵庫で約1週間保存可能（ですが、できれば少量ずつ作ってフレッシュなうちに使い切るのがおすすめ）。

▶ ゆでたブロッコリーやカリフラワーに。パセリの風味が強いので、甘みのある野菜や、蒸して甘みを引き出した野菜と合う。ごはんに混ぜてもおいしい。

豆乳マヨネーズ

豆乳にオイルと酢を加えて、さっぱりしたマヨネーズに。卵不使用でおいしくカロリーカット。

材料（作りやすい分量）

豆乳（無調整）… 80ml
塩 … 小さじ1/3
グレープシードオイル、オリーブオイル、
　紅花油など … 80ml
酢 … 大さじ1
こしょう … 少々

792 kcal
（全量）

作り方

1. ボウルに豆乳を入れ、塩を加えてよく混ぜる。オイルを少しずつ加えてそのつど泡立て器でよく混ぜ合わせる。
2. 酢を少しずつ加えてよく混ぜ合わせ、とろみがついてきたら塩少々（分量外）、こしょうを加えて味をととのえる。
   ※冷蔵庫で3、4日間保存可能。

▶ マヨネーズ代わりに。油でボリュームが出るので、濃い味が好みのだんなさんに。肉料理に添えても。

パセリとアーモンドのドレッシングで

にんじんのマリネサラダ

アーモンドのこりこりとした楽しい食感が加わって、にんじん1本もおいしくぺろり、です。

32 kcal

材料（2人分）

にんじん … 1本（約80g）
塩 … 少々
パセリとアーモンドのドレッシング … 大さじ2

作り方

1. にんじんはピーラーで縦にそぎ、塩をふって軽くもむ。出てきた水分は絞る。
2. 1.をドレッシングで和える。

豆乳マヨネーズで

豆乳マヨネーズのポテトサラダ

大好物のポテトサラダも、マヨネーズを手作りすれば大丈夫。安心して食べられます。

176 kcal

材料（2人分）

じゃがいも（中）… 2個
にんじん … 1/2本（40g）
紫玉ねぎ … 1/3個
塩 … 少々
豆乳マヨネーズ … 大さじ2
黒こしょう … 少々

作り方

1. じゃがいもは皮と芽を取り除き、6等分にする。にんじんは1cm厚さの半月切りにする。紫玉ねぎは2mm厚さの薄切りにし、水に5分さらし、水けをよくきる。
2. じゃがいもとにんじんを水から一緒にゆで、柔らかくなったらざるに上げる。じゃがいもは熱いうちに粗くつぶし、塩をふる。
3. にんじん、紫玉ねぎ、豆乳マヨネーズを加えて和え、黒こしょうをふる。

ヘルシー小鉢

物足りない食卓のときに、プラス1品。
もずく、豆腐、いんげん、ピーマンのヘルシー素材で、
かんたん豊富なバリエーションをご紹介。

もずくバリエーション

**海藻類はミネラルが豊富で低カロリー。
小分けになったもずくを買っておくと便利です。**

もずくと大根の黒酢和え

材料と作り方（2人分）17Kcal

1. もずく（100g）は水で洗って水けをよくきる。
2. 大根（80g）はせん切りにし、塩（少々）をふってよくもむ。出てきた水分は絞る。
3. 1.と2.を合わせ、黒酢（大さじ1と1/2）、しょうゆ（大さじ1/2）で和える。

もずくと梅のスープ

材料と作り方（2人分）16Kcal

1. もずく（100g）は水で洗って水けをよくきる。
2. オクラ（2本）は塩（少々）をふって板ずりし、流水で洗って小口切りにする。
3. 鍋にだし汁（400ml／P48）、梅干し（2個）、斜め薄切りにした長ねぎ（20g）を入れて中火にかける。煮立ったら1.と2.を入れて約3分煮る。梅干しを軽く崩し、しょうゆ（小さじ1/3）を加えて味をととのえる。

もずくとレタスのレモン和え

材料と作り方（2人分）12Kcal

1. もずく(100g)は水で洗って水けをよくきる。
2. きゅうり(40g)とレタス(葉3枚)はせん切りにする。
3. 1.と2.を合わせ、レモン汁(大さじ1)、しょうゆ(大さじ1/2)で和え、輪切りにしたレモン(2枚)をのせた皿に盛る。

冷や奴バリエーション

かける素材や調味料を変えるだけでも
バリエーション豊かになります。

ごまねぎ奴

材料と作り方（2人分）72Kcal

1. 長ねぎ（40g）は斜め薄切りにし、水に5分さらしてざるに上げ、水けをよくきる。
2. 1.に塩（小さじ1/2）、ごま油（小さじ2）を加えて和える。
3. 器に絹ごし豆腐（100g）をのせ、2.を盛って青のり（小さじ1）をふる。

レモン塩奴

材料と作り方（2人分）68Kcal

絹ごし豆腐（100g）を器にのせ、レモン汁（大さじ1と1/2）、塩（小さじ2/3）、パセリのみじん切り（大さじ1）をのせてオリーブオイル（小さじ2）を回しかける。あればレモンスライスを飾り、好みで黒こしょう（少々）をふる。

ツナと三つ葉のポン酢奴

材料と作り方（2人分）61Kcal

1. ツナ缶（水煮小1缶 80g）は汁けをきり、ほぐす。
2. 三つ葉（30g）は2cm長さに切る。
3. 1.、2.、ポン酢（小さじ2）を和え、器にのせた絹ごし豆腐（100g）に盛る。

いんげんバリエーション

毎日ごま和えだけでは飽きてしまう。
切り方を変えるだけでも、異なる表情と食感を楽しめます。

いんげんとトマトのからしじょうゆ和え

材料と作り方（２人分）24Kcal

1. いんげん（８本）は端を切り落とし、塩（少々）を加えた熱湯で約2分ゆでてざるに上げ、3cm長さに切る。トマト（大1個）は2cm角に切る。
2. 和がらし（小さじ1）としょうゆ（小さじ1）を合わせる。
3. 1.と2.を和える。

いんげんとごぼうの七味炒め

材料と作り方（２人分）59Kcal

1. ごぼう（50g）は5mm厚さの斜め切りにし、水にさらす。いんげん（８本）は5mm幅の斜め切りにする。
2. フライパンにごま油（小さじ1）を熱し、水けをきった1.を中火で炒める。
3. 全体に油が回ったら弱火にし、酒（大さじ2）を加えて約5分炒める。野菜がしんなりしたらしょうゆ（大さじ1/２）と七味唐辛子（小さじ1/２）を加えてからめる。

いんげんと切り干し大根の酢の物

材料と作り方（２人分）58Kcal

1. いんげん（８本）は端を切り落とし、塩（少々）を加えた熱湯で約2分ゆでてざるに上げ、1cm長さに切る。
2. 切り干し大根（30g）は流水で軽くもみ洗いし、たっぷりの水に約10分浸けて戻し、水分を絞る。
3. 2.を食べやすい長さに切り、1.と小口切りにしたみょうが（2個）、すし酢（大さじ2）、しょうゆ（小さじ1）を和える。

ピーマンバリエーション

**定番野菜ほどレパートリーがほしいもの。
“毎日違う味”はダイエットを楽しくさせます。**

ピーマンとじゃこの山椒炒め

材料と作り方（２人分）50Kcal

1. ピーマン（３個）は種とヘタを取り除き、乱切りにする。
2. フライパンにごま油（小さじ1）を熱し、ちりめんじゃこ（10g）と1.を中火で炒める。
3. 全体に焼き色がついたら酒（大さじ1）、しょうゆ（小さじ1/2）、粉山椒（小さじ1/2）を加えてからめる。

ピーマンのカレー炒め

材料と作り方（２人分）32Kcal

1. ピーマン（３個）は種とヘタを取り除き、横に5mm幅に切る。
2. フライパンにオリーブオイル（小さじ1）を熱し、1.を中火で炒める。
3. しんなりしたらカレー粉（小さじ1）と塩（小さじ2/3）を加えてからめる。

ピーマンと大根の梅和え

材料と作り方（２人分）20Kcal

1. ピーマン（３個）は種とヘタを取り除き、5mm幅の輪切りにする。熱湯で約1分ゆでてざるに上げ、水けをよくきる。
2. 大根（80g）は3mm厚さの輪切り（太いものは半月切り）にし、塩（少々）をふってもむ。出てきた水分は絞る。
3. 梅干し（２個）は種を取り除いて包丁でたたき、1.と2.を加えて和える。

>> Column3

おまけの甘味

甘党のだんなさんのために、食後に食べても安心なデザートをご紹介します。自然な甘みと穏やかなおいしさがうれしい甘味を３つ。温かいお茶とともに、一日のできごとをおしゃべりしながらゆったりと食後を過ごせば、おなかも心も大満足です。

麦茶のゼリー

濃いめに煮出した麦茶を寒天で固めると
まるでコーヒーゼリーのように香ばしく。

39
kcal

材料（３人分）

麦茶（濃く煮出したもの）… 500ml
粉寒天 … 4g
てん菜糖 … 大さじ2
きな粉 … 適量

作り方

1. 小鍋に麦茶、粉寒天、てん菜糖を入れて弱火にかけ、木べらで混ぜながら溶かす。
2. 煮立ったらそのまま1分ほど煮て火を止め、鍋底に氷水をあてる。
3. あら熱がとれたら容器に流し入れ、冷蔵庫で冷やし固める。
4. 食べる直前に食べやすい大きさに切って器に盛り、きな粉をたっぷりふる。

りんごのプルーン煮

砂糖を使わず、プルーンの甘みでりんごを煮上げれば、
立派なデザートの装いに。

材料（4人分）

96 kcal

りんご…2個
りんごジュース（100%）…100ml
プルーン…10個
レモン汁…大さじ4
ラム酒…大さじ1

作り方

1. りんごは皮をむいて8等分に切り、鍋に入れる（紅玉の場合は皮をむかずに入れるときれいなピンク色に染まる）。
2. 1.に残りの材料をすべて加えて中火にかける。煮立ったら弱火にし、約8分煮てそのまま冷ます。
   ※冷蔵庫で約1週間保存可能。

ジンジャーレモンシャーベット

ピリリと大人味のシャーベットは
はちみつでやさしい甘みに。口直しのひと皿としても。

材料（3人分）

70 kcal

しょうが（すりおろし）…30g
レモン汁…大さじ4
はちみつ…大さじ3
水…400ml

作り方

1. 小鍋にすべての材料を入れて中火にかけ、煮立ったら火を止める。
2. あら熱がとれたら冷凍可能な容器に入れて冷凍庫で1時間凍らせる。一度取り出してフォークなどでかき混ぜ、再度1時間冷凍庫で凍らせる。
3. 器に盛り、あればミントの葉を飾る。

おわりに

だんなさんの一日の食事をすべて管理するのはとても難しいこと。
お付き合いもあるし、お昼は毎日お手製のお弁当、というわけにもいきません。
毎日、毎食、カロリーのことを考えて作るは至難の業。
我が家でも、毎食ではなく、まずは夕食から「やせごはん」を作りはじめました。

この本で紹介しているレシピは、ただカロリーが低いというものではなく、
バランスよく栄養が摂れて、満腹感も得られるように考えました。
作る方の負担も少ないよう、レシピもなるべく簡単に。
からだに必要な栄養バランスをととのえながら体重を減らしていくことで、
無理のない、からだにやさしいダイエットの参考になればと思います。

食事は毎日のこと。
とくにダイエット食は長続きさせることが大切ですから、
簡単で無理のない「やせごはん」なら、きっと成功するはずです。

だんなさんと一緒に食べていると、
自分の体調もよくなる、といううれしいご褒美？も。
ぜひ、楽しみながら実践してくださいね。

ワタナベマキ

夫のダイエットの記録

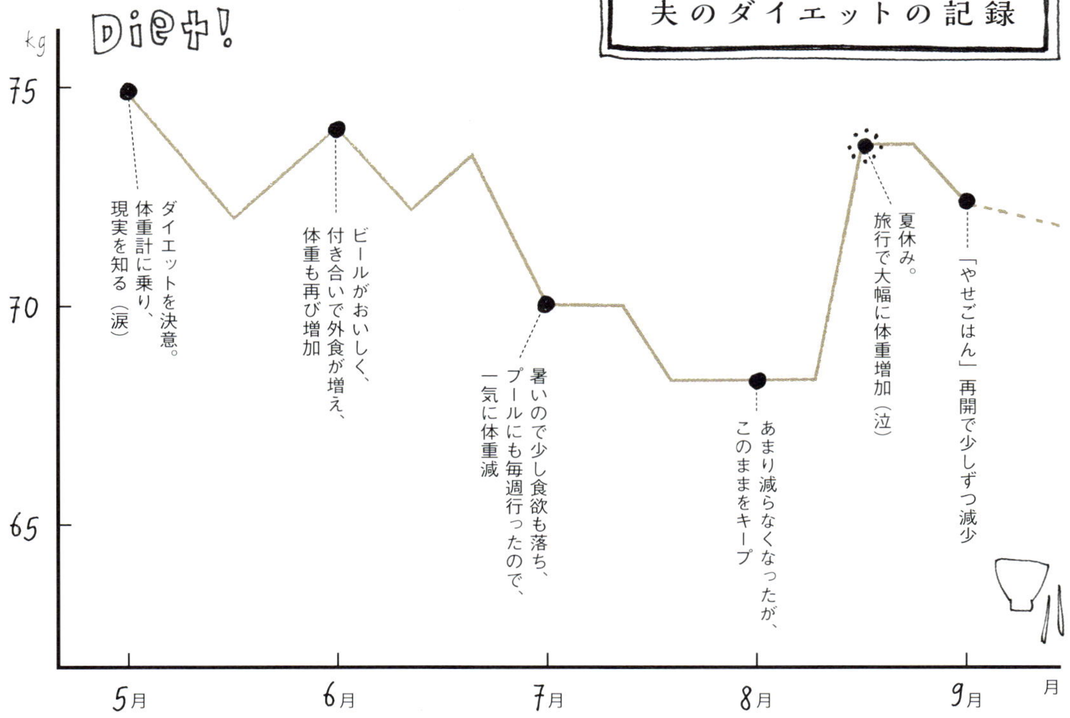
Diet!
kg
75
70
65
ダイエットを決意。体重計に乗り、現実を知る（涙）
ビールがおいしく、付き合いで外食が増え、体重も再び増加
暑いので少し食欲も落ち、プールにも毎週行ったので、一気に体重減
あまり減らなくなったが、このままをキープ
夏休み。旅行で大幅に体重増加（泣）
「やせごはん」再開で少しずつ減少
5月
6月
7月
8月
9月
月

「やせごはん」夫の感想

「やせごはん」を3、4日続けると、なんとなく体調がよくなって、体が軽くなった気がしました。もともと食べることが好きなので、極端な食事制限はできません。でも「やせごはん」のメニューは肉もあり、カレーもあり、量は少ないのに満足感があるので、つらくはありませんでした。途中、旅行などで体重が戻ってしまってショック！なときもありましたが、焦らずマイペースに。食事以外には、日常生活の中で軽い運動も取り入れました。健康のためにも、なるべく体重をキープできるよう、おいしいものの食べつつ継続させていきたいと思います。

著者
ワタナベマキ
グラフィックデザイナーを経て、「サルビア給食室」として料理家に転身。食材のおいしさを余すところなく生かした、からだにやさしい料理が、ケータリングで評判を呼び、雑誌や書籍など、多方面で活躍。季節に寄り添った、シンプルでおいしい料理を多数生み出している。著書に『切り身で、刺身で、ストックで…サルビア給食室のやさしいお魚料理』（小社刊）ほか多数。

STAFF

デザイン	鳥沢智沙（sunshine bird graphic）
撮影	新居明子
スタイリング	佐々木カナコ
取材	遊馬里江
栄養計算	棚橋伸子（管理栄養士）
校正	西進社

夫のためのやせごはん

2014年11月30日　初版第1刷発行

著者　ワタナベマキ

発行者　中川信行
発行所　株式会社マイナビ
〒100-0003　東京都千代田区一ツ橋1-1-1
パレスサイドビル
TEL 048-485-2383（注文専用ダイヤル）
03-6267-4477（販売部）
03-6267-4403（編集部）
URL http://book.mynavi.jp

印刷・製本　シナノ印刷株式会社

○定価はカバーに記載してあります。
○落丁本、乱丁本はお取り替えいたします。お問い合わせはTEL：048-485-2383（注文専用ダイヤル）、または電子メール：sas@mynavi.jpまでお願いいたします。
○内容に関するご質問は、出版事業本部編集第2部まではがき、封書にてお問い合わせください。
○本書は著作権法の保護を受けています。本書の一部あるいは全部について、著者、発行者の許諾を得ずに無断で複写、複製（コピー）することは禁じられています。

ISBN 978-4-8399-5330-0
C5077

©2014 MAKI WATANABE
©2014 Mynavi Corporation
Printed in Japan